Die REPEAT-Taste des Universums

Sandra Kelke

Die REPEAT-Taste des Universums

Herstellung und Verlag: Books on Demand Norderstedt

Erstauflage 2021

Titelbild: Silke Wurdinger, Atelier Liuflingar, www.silke-schilling.de

Cover: Books on Demand Norderstedt

Lektorat: Elke Endörfer

ISBN 9783754364529

Inhalt

Vorwort - Warum sollte jemand dieses Buch lesen?

Stimmen zur Autorin

1) So beschreiben mich meine Eltern

Ja Sandra, unser Kind
Du kamst auf die Welt, etwas zu früh,
aber Du dachtest wohl, jetzt oder nie!

Du hast dich entwickelt, alles war gut.
Manchmal fehlte Dir allerdings der Mut.

Mit Freunden und Nachbarn spielen und toben,
bei Oma und Opa Urlaub machen.
Ja, da gab es ja auch immer was zu lachen.

Zu Hause, na ja, da war nicht immer alles klar.
Trotzdem war die Zeit wirklich wunderbar.

Die Schule, die Lehre, hast alles geschafft.
Den Sport nebenbei, alles war gut.

Doch plötzlich, warum auch immer,
Du suchtest Dir ne Wohnung mit den Worten
„hier bleibe ich nimmer".

Erst Hof, dann Augsburg, so ist es heute. Wir haben es akzeptiert.

Du hast alles alleine geschafft. Es ging mal auf und mal ab.

Du stehst heute fest im Leben,
weißt was Du willst und schaffst immer noch mehr.

Sandra, bleib freundlich und nett und lebe Dein Leben.

In Liebe, Mutti und Vati

2) So beschreiben mich meine Freunde

Sandra, ich liebe den Kontakt mit Dir und es fehlen mir einfach die Worte, um den umfangreichen *„Sandra-Kosmos"* zu beschreiben. *Du bist wie ein großer Zaubersack. Da ist so viel Raum und gleichzeitig so viel drin.* Ich will es dennoch versuchen:

Du bist einfach unkompliziert und nährend. Was Du sagst und auch lebst, hat Tiefe und ganz viel Herz.

Du bist eine der wenigen Personen, bei denen es mir leichtfällt, auch mal NEIN zu sagen. Damit meine ich, es ist völlig okay, ein Treffen oder ein Telefonat abzusagen oder ein Vorhaben zu verschieben. Das ist für Dich völlig in Ordnung. Ich muss niemals ein schlechtes Gewissen haben. Somit entsteht bei mir niemals ein Erwartungsdruck.

Du nimmst nichts persönlich.

Du kommst selbst mit Dir klar, bist mit Dir „rundum im Reinen" und erwartest nichts im Außen.

Du bist sowohl in Dir, als auch nach außen hin sehr klar und aufgeräumt, lebst und vertrittst Deine Werte und Einstellungen.

Du lebst voll verantwortlich in Freiheit und möglichst unabhängig von anderen Personen und Erwartungshaltungen. Du hast Deine wichtigen Themen schon angesehen und geklärt und stehst dennoch in großer Demut, Bereitschaft, Freude und Neugier zu all Deinen noch ungelösten Themen. Du hast vieles gelöst und in Ordnung gebracht. Gleichzeitig bist Du auch immer bereit, alles neu Aufkommende anzusehen.

Du nimmst neue Hindernisse, Schwierigkeiten und Aufgaben immer wieder in den Fokus, setzt Dich ehrlich und absolut reflektiert mit Freude und Neugier mit diesen auseinander. Dieses Verhalten zeigt große Demut an das Leben und seine vielfältigen Herausforderungen.

Du bist reif, bewusst und eigenverantwortlich. Du bist an Dir selbst gewachsen und tust es fortwährend.

Du bist klar, strukturiert, fleißig und Du bist so wunderbar unkompliziert.

Du hast ganz viel Herz, Hirn und Intellekt. Deine Tiefe, Kraft und Stärke gehen Hand in Hand mit Deiner Leichtigkeit und Deiner unglaublichen Lebensfreude. Du verstehst es, das Leben zu genießen und bist dafür stets unendlich dankbar.

Du hast einen Blick für Poesie, Kunst, schwingst zur Musik und brauchst viel Bewegung. Du liebst es im Sonnenaufgang zu joggen und genießt ebenso den Sonnenuntergang mit einem Glas Prosecco.

Du strahlst für mich keinerlei Bedürftigkeit aus, was mir sowohl als Kunde, als auch als Freundin ein Wohlfühlgefühl vermittelt.

Ich fühle mich im Zusammensein mit Dir lebendig, genährt und gestärkt. Jedes Treffen mit Dir ist eine Bereicherung. Du kostest mich keine Energie, Du bringst mir Energie. Alles zwischen uns fließt, ist ausgewogen.

Du unterstützt mich dabei Sachverhalte, Themen, Argumente, oder meine Gefühle kurz, prägnant und klar zusammenzufassen. Deine Sprache ist konkret, ehrlich und direkt. Du bringst immer alles prima auf den Punkt. *Immer dann, wenn meine Sprache nicht da war, dann hast DU mir eine Stimme gegeben.*

Du bringst das in Worte, was ich innerlich fühle und nicht formulieren kann. Du leuchtest genau dorthin, wo es bei mir drückt. Du nimmst auch Schwingungen zwischen den Zeilen und feinste Nuancen wahr und bringst diese wertschätzend und achtsam zur Sprache.
Du bist einer der wenigen Menschen, die wirklich wertschätzend formulieren können. Du bist immer bestrebt, nicht mit Worten zu verletzen, verstehst es aber, Unangenehmes anzusprechen. Du traust Dich wirklich alles aus- und anzusprechen - auch das, was Dir nicht passt. *Das Wort ist Dein Element. Die Sprache ist Dein Werkzeug.*

Du bist meine MENTORIN, meine WEGBEGLEITERIN und meine SEELENFREUNDIN, mein COACH, meine YOGA-LEH-RERIN und die liebe Tante, die mir auch mal ein Süppchen kocht wenn es brennt, oder die auf meinen Hund aufpasst.

Leute, wenn ihr zu Sandra geht, egal ob zum Coaching, zum Yoga oder zum Pilates, zur Meditation mit Klangschalen oder zur Ernährungsberatung, oder einfach als Freundin: ihr geht zu einer

sehr stabilen, klaren, selbstbewussten Frau, die ihre Themen ge-
klärt hat und nicht umfällt - egal was ihr an Themen mitbringt.
Ihr werdet wertschätzend gesehen, empathisch gehört und euch
wird geholfen.

Deine Silke

Als ich Sandra kennenlernte, war sie vom Leben „be-drückt". Ihr
Herz und ihr Wesen waren wie von einem Sturm durchgeschüt-
telt. Jetzt sehe ich Sandra als eine Frau, die ihr altes Leben hinter
sich gelassen hat wie eine Raupe, die sich auf wundervolle Weise
zum Schmetterling entpuppt hat und in die Freiheit geflogen ist.
Ich freue mich von ganzem Herzen und bin unglaublich dankbar,
dass ich diesen Weg des Bewusst-werdens und ihres Seins die
letzten Jahre miterleben durfte.

Sandra, Du bist für mich in den Jahren meiner Bewusstseins-
arbeit eines der wundervollen Beispiele der Befreiung aus dem
Kokon und der bewundernswerten Verwandlung. Du hast Dich
befreit, weil Du erkannt hast, dass wir Menschen uns unsere Ko-
kons selbst erschaffen, und auch, wie wir uns daraus wieder be-
freien können.

Ich bin stolz auf Dich und danke Dir, dass ich Dich immer wieder
ein Stückchen auf Deinem Weg begleiten durfte und immer noch
darf. Wenn es auch nicht immer ein leichter Weg ist, ist er den-
noch bunt, bewegt und JETZT erfüllend und zauberhaft gewor-
den! Geh ihn einfach weiter, Deinen wundervollen Weg!

Namaste, Deine Sila

Liebe Sandra, sehr gerne schreibe ich Dir mein Feedback zu Dir und wie ich Dich erlebe, seit unserer schönen Begegnung bei Bruno Würtenberger.

Zuerst einmal fühlt sich Dein Projekt „Buch" sehr, sehr stimmig, interessant, humorvoll und schon jetzt lesenswert an (vor allem auch durch die Portion Ironie, sich selbst nicht immer todernst zu nehmen). Ich freu mich drauf!

Ich erlebe Dich von Anfang an als offenen, energetischen, vorsichtigen, bemühten, rücksichtsvollen und zum Teil zurückhaltenden Menschen, dem das Wohl der anderen am Herzen liegt. Du trittst gern mit Menschen in Kontakt, die ebenso befruchtend wie offen sind. Das ist für mich sehr angenehm.

Prägend für Dich sind folgende Merkmale: Ehrlichkeit, Integrität, Fleiß, Genauigkeit, Zuverlässigkeit/Verantwortungsbewusstsein und vor allem Menschlichkeit. Wobei, das waren ja jetzt eher Werte, die ich dir als Eigenschaften zuordne, daher nochmal: Ich erlebe dich als kommunikativ, freundlich, flink, hinterfragend, zuhörend und mit positiver Ausstrahlung. Das auch, um dem Schweren nicht so viel Raum zu geben. Eine latente Angst vor Depression spüre ich bei Dir schon auch, oder genauer gesagt das Bewusstsein für Depression und die eigenen Ängste und Schatten.

Das Band unserer Freundschaft erlebe ich verbunden und frei, im gegenseitigen Einverständnis es genauso zu handhaben. Es ist geprägt von ehrlichem Interesse und Wohlwollen und mit der Freude auf ein Wiedersehen und offenen Austausch.

Auch wenn wir uns im Grunde kaum kennen weiß ich, dass Du immer ein offenes Ohr für mich hast, wenn ich es brauche. Das ist schön zu wissen.

Ich danke Dir dafür und auch für Deine vielen Beiträge in Deinem Telegram-Kanal, die ich zwar nicht immer alle lese und höre (das würde mich überfordern), dennoch bin ich Dir dafür sehr dankbar und möchte den Kanal nicht missen.

Seit wir uns im Oktober 2020 kennengelernt haben, hast Du für mich schon eine innere Verwandlung hingelegt. Du bist spürbarer, klarer, schärfer und selbstbewusster in Deinem Auftreten, Deinen Äußerungen und in Deinen Beiträgen. Deine Entscheidungen (aus Deinen Erzählungen von „früher") sind nun eindeutiger und zielgerichteter. Für mich hast Du einfach noch mehr Herzverbundenheit erlangt. Ich habe eine Metapher an der Stelle:

Du entsprichst der 1. Biene im Bienenstock, oder der ersten Geige im Konzert. Mach weiter so, ich liebe es. Mögen Deine Motive immer getragen sein von allen Aspekten der Liebe.

In liebevoller Verbundenheit,
Deine Christine

Sandra è una presenza quotidiana… che in me regala sorrisi, felicità, forza e gioia di vivere. Da un incontro „casuale" le nostre anime si sono subito riconosciute. Nel tempo è diventata la versione migliore di se stessa,ha compreso il suo valore e quale contributo può dare agli altri. Ora lo sta donando offrendo alle persone la possibilità di un futuro *migliore. Sandra per me è l'esempio del: „**Io voglio, Io posso, Io merito**".*

Grazie, Loris

Übersetzung:
Sandra ist für mich täglich präsent. Sie gibt mir ein Lächeln, Glück, Kraft und Lebensfreude. Durch ein „zufälliges" Treffen erkannten sich unsere Seelen sofort. Im Laufe der Zeit ist sie die beste Version von sich selbst geworden. Sie hat ihren Wert verstanden und den Beitrag, den sie für andere leisten kann. Jetzt gibt sie all das weiter, indem sie den Menschen die Möglichkeit einer besseren Zukunft bietet. Sandra ist für mich das Beispiel von: *„Ich will, ich kann, ich verdiene es"*.

Vielen Dank, Loris

Ich kenne und schätze Sandra nunmehr seit 16 Jahren und habe in dieser Zeit einen beeindruckenden Wandel miterleben dürfen: 2005 habe ich sie als beliebte und fordernde Trainerin der Ski-gymnastik beim TSV Haunstetten kennengelernt. Eine Frau voller Power. Sehr rational, und geistige Welten, Meditation und Yoga weit von sich weisend.

Seitdem ist viel Zeit vergangen. Unsere Freundschaft hat sich mit allen Hochs und Tiefs mitbewegt und ist über die Zeit viel intensiver geworden.

Dies zeigt sich vor allem durch die Qualität der Zeit, die wir miteinander verbringen dürfen. Unsere Gespräche sind von enormer Tiefe und ich empfinde sie als sehr bereichernd.

Ich kenne Sandra als eine ehrgeizige Person, die sich Ziele setzt und diese auch umsetzt, dabei allerdings nicht kopflos auf ein Ziel zu rennt, sondern zunehmend immer wieder in sich hineinfühlt, ob sie auf dem richtigen Weg ist.

Sie setzt um, was bereits Dan Millman in seinem Buch „Der Pfad des friedvollen Kriegers" schreibt: „Die Menschen haben Angst in sich hinein zu sehen, das ist aber der einzige Ort wo sie finden, was sie brauchen". Die Gabe einer reifen Seele.

Ich schätze Sandras Art ehrlich zu sich selbst und ehrlich zu ihrem Umfeld zu sein und freue mich für sie, dass sie ihren Weg endlich gefunden hat.

Anke

Sandra ist ein absoluter Herzensmensch und wen sie in ihr Herz hineingelassen hat, der hat einen besonderen Menschen an seine Seite bekommen - auch wenn dieser nicht immer auf ihrer Welle mitschwimmt.

Sie ist neugierig auf das Leben und daher sehr offen für die vielen Dinge, die es in unserem Universum gibt. Sie lässt sich mit Haut und Haaren auf alles ein, was ihr gerade wichtig ist, oft auch ahnend, dass es vielleicht falsch ist oder schief gehen kann.

Sie geht schwierigen Situationen oder Krisen nie aus dem Weg sondern stellt sich diesen. Wenn es alleine nicht geht, gerne mit Unterstützung.

Sandra glaubt an sich und verkörpert für mich absolut die Weisheit: *„Wenn sich eine Türe schließt, öffnet sich eine neue"*. Das beeindruckt mich sehr.

Sandra ist nicht nur sportlich aktiv, sondern auch absolut in ihrem Werdegang. Sie probiert viele verschiedene Dinge einfach mal aus und so lange sie ihr gut tun, nimmt sie diese an. Wenn es nicht mehr in ihr Leben passt, dann schlägt sie einfach einen anderen Weg ein.

Sandra, herzlichen Dank für Deine „nahe" Freundschaft, die ich immer spüre, auch wenn wir uns lange nicht sehen oder hören. Sicherlich fallen mir nachher noch viele andere Dinge für Dich ein aber so ist das halt. Das Leben geht ja auch weiter.

Eva

Liebe Sandra, in Scheidegg zur Kur habe ich Dich als sehr fröhlichen, hilfsbereiten und aufgeschlossenen Menschen kennen und schätzen gelernt. Du hast immer ein offenes Ohr für die Anderen und verlierst dennoch Deine eigenen Bedürfnisse, die Bedürfnisse Deiner Seele, nicht aus den Augen.

Ich habe Dich als einen Menschen erlebt, der mit sich selbst und auch mit mir sehr offen umgegangen ist. Ich habe Dich als eine aufgeschlossene und interessierte Zuhörerin erlebt, als ein sehr liebenswerter Mensch, der sich selbst trotzdem nie verliert.

Du bist engagiert und Deine Herzensangelegenheiten gehst Du mit ungeheurer Energie und Hartnäckigkeit an. Deine Fähigkeit dabei trotzdem die Meinung anderer zu respektieren - auch wenn es Dir nicht immer ganz leicht fällt, wenn diese so gar nicht zu Deiner Überzeugung passt - schätze ich sehr an Dir.

Deine Interessen sind derart vielseitig gelagert, dass ein Tag für Dich 48 statt 24 Stunden haben müsste.

Ein Lebenspartner im Alltag für Dich zu sein, wäre schon eine echte Herausforderung - vor allem im Hinblick auf „Toleranz" für alle Beteiligten. Was meine ich damit? Du schätzt Deine Ungebundenheit, Deine Freiheit, auch um Deinen vielfältigen Interessen nachkommen zu können. Und doch ist es meiner Einschätzung nach immer wieder die Sehnsucht nach Zweisamkeit, Zärtlichkeit und Geborgenheit, die Dich umtreibt.

Bewahre Dir die Toleranz, Deinen kritischen Blick auf die Dinge und hinterfrage immer wieder die Wahrhaftigkeit der Menschen, die Dich umgeben.

Es ist mir ein Anliegen, Dir diese Gedanken mitzugeben. Ich habe meine Gedanken und Gefühle zu Dir aus meiner Sicht aufgeschrieben, ohne den Anspruch einer Bewertung oder einer Richtigkeit. Es ist schön, Dir begegnet zu sein und ich hoffe, wir bleiben noch lange in Kontakt.

Peter

Liebe Sandra, es ist echt sehr schwer, so viele Jahre in Worte zu fassen, zu beschreiben, wie Du mich in den langen Jahren, die wir uns kennen, inspiriert hast, mein Denken beeinflusst und sogar verändert hast.

Vor der Trennung von Deinem langjährigen Freund habe ich Dich als sehr pflichtbewusst erlebt. Es war, als ob Dich dieses Pflichtbewusstsein vor allem dem Partner gegenüber gehemmt hat so sein zu dürfen, wie Du bist. Du hast viel getan, um den Partner und viele andere Menschen glücklich zu machen und Dich selbst dabei aus den Augen verloren. Du hast zu wenig auf Deine eigenen Bedürfnisse gehört und nicht das getan, was DIR und NUR DIR gut tut.

Du hast es jedoch geschafft zu erkennen, dass Dir die Beziehung schadet und hast beschlossen, diese zu beenden. Ich habe gespürt, wie sehr Deine Stärke gewachsen ist, wie Du mehr und mehr aus Dir selber herausgekommen bis und gleichzeitig nach „innen" gelauscht hast. Du hast dich mehr und mehr mit dem Sinn des Lebens beschäftigt, viele Seminare besucht, Dinge und Thesen hinterfragt - auch kritisch und immer von mehreren Seiten betrachtet. Das ist mutig, denn Du hast dich auch getraut, alles zu benennen und anzusprechen. Du bist eine Kämpferin und Du hast immer versucht Dein Bestes zu geben.

In Deinem Job als Vorstandsassistenz hast Du Dich dann leider wieder selbst aus den Augen verloren. Du konntest unter dem Druck der Anforderungen dieses Jobs nicht mehr ausreichend auf Dich achten. Du hast zwar einige Deiner Kurse aufgegeben, aber zu guter Letzt bist Du fast zerbrochen. Die durch Dein

Burnout verbundene Auszeit war dringend nötig und zu dem Zeitpunkt genau richtig für Dich. Auch wenn Du selbst in dieser Zeit viel kämpfen musstest, so hast Du für Dich selbst sehr viel Persönlichkeit hinzu gewonnen.

Ich habe den Eindruck, dass Du Dich seit dem Burnout mehr und mehr zu einem sehr starken Menschen entwickelst. Einem Menschen, der in erster Linie gelernt hat, auf sich selbst und seine eigenen Bedürfnisse zu hören, im Umgang mit Dir selbst achtsam zu sein. „Denn erst wenn es einem selbst gut geht, kann man auch für andere eine Stütze sein, Kraft und Stärke abgeben und den einen oder anderen Rat geben".

Du bist für mich ein Vorbild in Sachen Achtsamkeit. Ein Vorbild bezüglich Selbstliebe und des eigenen Glücks Schmied zu sein. Ein Vorbild darin Unstimmigkeiten anzusprechen, andere aufzuwecken. Du bist immer neugierig auf andere Menschen und Gemeinschaften. Du bist feinfühlig, hast diese gewissen Antennen und bist gleichzeitig sehr rational. Immer dann, wenn ich ellenlange Sätze formuliere, bringst Du die Dinge ganz einfach in einem Satz unter.

Du bist für mich ein Vorbild darin, nicht immer alle Mails und Anfragen sofort zu beantworten, sondern sich Zeit lassen zu dürfen. *Besser eine ausführliche und wertschätzende Antwort, als oberflächlich was dahingeschrieben, weil es die anderen erwarten.*

Auch wenn wir uns maximal zweimal im Jahr gesehen haben und seit Jahren nun leider gar nicht mehr, sind wir miteinander verbunden. Unsere Freundschaft besteht auch über die große

Entfernung von fast 700 km. Oft durfte ich mein Herz bei Dir ausschütten, wenn es mal wieder um „Männer" ging. Du hast meine Thematik immer kurz und sachlich auf den Punkt gebracht, hast mir hin und wieder eine andere Sichtweise aufgezeigt und mir zu Entscheidungen und konsequentem Handeln verholfen.

Ich bin traurig, dass ich so weit weg von Dir bin, denn ich habe immer das Gefühl, dass ich von Dir noch so viel mehr lernen kann. Lernen in Bezug auf Selbstachtung und Verantwortung mir selbst gegenüber. Du bist, durch Deine schamanischen Seminare und durch Deine Lehrer, dieser „Welt" sehr gewachsen. Deine Fotos gemeinsam mit Deinen Freund*innen zeigen immer eine strahlende Sandra. Eine Sandra, die von innen heraus leuchtet, die einen wie in einer unsichtbaren Aura einfängt. Eine Sandra, zu der man sich einfach hingezogen fühlt.

Mein Wunsch ist, dass wir weiter in Verbindung bleiben und dass wir uns bald wieder treffen können.

Sandra, Du bist ein „Stehaufmännchen". Ganz egal, welche negativen Ereignisse und Energien auf Dich eingeprasselt sind, egal wie tief Du mal wieder am Boden warst, Du hast es immer wieder geschafft, aufzustehen und noch stärker zu sein als vorher. Für mich bist Du eine „Strahlefrau".

Drückerchen, Dani

Liebe Sandra,

so wie wir unsere Freundschaft leben, ist wirklich klasse. Ohne Druck, ohne Erwartung und in großer Herzlichkeit. Toll, wie Du so viele Dinge anpackst, aber Dein Zeitmanagement diesbezüglich lässt Dich des Öfteren stolpern. Du hast Dich unglaublich positiv entwickelt und strahlst immer eine sehr ansteckende Energie aus. Ich bin froh, dass wir uns kennen.

Freddy

Unsere Freundschaft hat schon mit einer lustigen Begebenheit begonnen: Ich hatte meine Teetasse in der Küche vergessen und am nächsten Tag war sie verschwunden. Zugegeben, die Tasse war ein schon älteres Modell, etwas angeschlagen und bräunlich verfärbt. Zufällig stand Sandra in der Küche, als ich mich nach dem Verbleib der Tasse erkundigte. Schuldbewusst räumte sie die „Beseitigung" der Tasse ein. Ich war schon etwas erstaunt, als sie mich als Wiedergutmachung, oder vielleicht auch wegen eines schlechten Gewissens, zum Kaffee eingeladen hat.

Seither haben wir uns immer gut verstanden und verbrachten die eine oder andere - meist etwas längere - Mittagspause zusammen. Viele in diesem Buch beschriebene Begebenheiten waren Thema unserer intensiven Unterhaltungen.

Trotz der privaten räumlichen Entfernung von ca. 120 km, dem situationsbedingten Total-Ausfall unserer „Kaffee-Dates" (Home-Office), ist unser Kontakt nie abgerissen. Ich bin ihr sehr dankbar für die vielen Gespräche und die Einblicke in die menschlichen Seelen-Welten.

Ich möchte jeden ermuntern, sich eine solche „beste Freundin" oder „besten Freund" zu suchen. So eine Freundin ist - neben dem eigenen Partner - in meinen Augen eine der wichtigsten Personen im Leben.

Jürgen

Du hast mich gebeten, mir Gedanken zu machen, warum gerade Du in mein Leben getreten bist. Zusätzlich hättest Du gern eine Reflektion zu Dir, bzw. über Dich. Ich fasse meine Gedanken einfach mal zusammen, denn trennen kann ich dies nicht voneinander.

Ich habe Dich leider erst im Oktober 2020 kennenlernen dürfen. Schon unsere erste Begegnung im Büro war für mich ein „wow". Zuerst optisch, später dann auch Dein ganzes DU. Damals schon hatte ich den Wunsch, Dich näher kennenlernen zu wollen. Deine Ausstrahlung wirkte wie ein Magnet auf mich. Wir kamen uns näher, haben uns intensiver miteinander beschäftigt und ich habe Dich als eine sehr hübsche Frau mit eigenem Kopf, eigenen Vorstellungen und Gedanken kennen- und lieben gelernt.

Wir sind zwar grundverschieden, haben aber doch - oder gerade deswegen - den Weg zueinander gefunden.

Du bist verständnisvoll, liebevoll, sozial, kollegial, belesen, sportlich und - sehr wichtig - ehrlich und echt.

Du bist offen, kannst verzeihen, kannst Dich in Themen und Lektüre „verbeißen", bist zielstrebig und gewissenhaft. Wenn Du etwas beginnst, dann bringst Du es auch zu Ende, inhaltlich ausgereift, mit Hand und Fuß.

Zusammenfassend bist Du ein sehr wichtiger Mensch, eine Freundin, eine tolle Frau und „Partnerin" für mich geworden. Neben meiner Familie einer der wichtigsten Menschen in meinem Leben.

Meine Gefühle für Dich sind mega, ich genieße „jeden" Augenblick mit Dir.

Dein Lars

3) So erleben mich meine Kursteilnehmer

Durch eine glückliche Fügung bin ich in dem von Sandra angeleiteten Pilates-Kurs gelandet, in dem ich mich sofort freundlich aufgenommen fühlte. Ich erlebe Sandra all die Jahre hindurch immer zugewandt, verbindlich, durchdacht, gut vorbereitet auf die Kursstunden, mit kreativen, differenzierten fließenden Übungen. Sie fordert, achtet aufmerksam auf korrekte Ausführung und korrigiert freundlich, bestimmt und achtsam. Eine Entspannungsphase mit Meditation in angenehmer Atmosphäre schließt jede Einheit ab. Sandra probiert auch für sich neue Wege aus und lässt uns an ihren Erfahrungen teilhaben.

Wer also seinen Körper fit halten und dabei Wohlfühlatmosphäre genießen möchte, ist in Sandras Kursen hervorragend aufgehoben.

Eine begeisterte Pilates-Einsteigerin

Seit einigen Jahren bin ich bei Sandra im Pilates-Kurs, jeweils eine Stunde am Montagabend. Sandra ist eine lebendige Frau, die mit ihrer frischen und gleichzeitig liebevollen Art den Kurs abwechslungsreich gestaltet. Jede Stunde ist anders - mal mehr, mal weniger anstrengend. Mal wird verstärkt der Rücken, mal der Bauch trainiert. Es sind immer neue Übungen dabei, sodass es nie langweilig wird. Durch die schnelle Abfolge unterschiedlicher Übungen ist mein Kopf voll beschäftigt und die Zeit vergeht wie im Flug.

Sandra ist eine aufmerksame Kursleiterin und korrigiert die Haltung, wenn einer von uns etwas falsch macht. Sie leitet die Übungen gut an, damit keiner ins Hohlkreuz geht und so dem Rücken schadet.

Sandra hat die Tradition eingeführt, in der wir alle nach der letzten Stunde vor Weihnachten noch bei Plätzchen und Punsch zusammenstehen und „ratschen". Auch im Winter bei Eis und Schnee unter dem Weihnachtsbaum.

Während des Lockdowns im Sommer fand der Kurs bei ihr im Garten statt und hinterher wurde uns zum gemütlichen Zusammensitzen immer noch ein Getränk kredenzt, wodurch der Kontakt innerhalb der Gruppe sehr viel persönlicher geworden ist.

Sandra ist vielfältig interessiert und immer unterwegs zu neuen Ufern und Ausbildungen.

Eine Teilnehmerin

Ich erlebe Sandra seit vielen Jahren als Leiterin eines Pilates-Kurses. Die Gestaltung ihrer Stunde ist immer sehr abwechslungsreich und herausfordernd. Jedes Mal bin ich aufs Neue gespannt, was sie für uns bereithält. Mit klaren Ansagen - aber stets humorvoll - achtet sie auf die Anwesenden und auf eine korrekte Ausführung der Übungen. Ihre Unterstützung spornt mich dazu an, nie aufzugeben und an meinen Schwachpunkten zu arbeiten.

In die Trainingsstunde lockt auch die positive Atmosphäre dort, für die Sandra erkennbar den Boden bereitet. Vom Ritual des Ankommens bis zu den verschiedensten Impulsen im Rahmen der Schlussentspannung spürt man, dass sie ein ganzheitliches Konzept verfolgt.

Ich wünsche ihr, dass sie ihre große sportliche Kompetenz und ihre menschlichen Stärken noch in vielen Kursen zum Wohle der Teilnehmer einsetzen kann.

Birgit

Liebe Sandra, folgendes kann ich gerne aus Überzeugung zu Deinem Buch beitragen:

Der Zufall brachte mich vor vielen Jahren zu Pilates. Der Zufall brachte mich zu Dir und ich bin hängen geblieben. Warum?

- Jede Stunde tut mir gut.

- Deinen Anleitungen kann ich blind folgen.

- Deine Kreativität macht jede Stunde abwechslungsreich.

- Nach der Entspannung gehe ich entspannt und beschwingt nach Hause.

Verena

Ich kenne Sandra als engagierte Pilates-Lehrerin. Ihre Trainingseinheiten sind sehr abwechslungsreich. Sie fordert die Teilnehmer, überfordert aber niemanden und geht immer auf die aktuelle Situation in der Gruppe ein.

Auch aus ihren anderen Wissensgebieten lässt sie gerne etwas ins Training einfließen - sei es ein indianischer Schütteltanz, eine Wort- oder eine Klangschalen-Meditation zur Entspannung.

Der Kurs besteht seit Jahren - fast unverändert - in derselben Besetzung. Das spricht doch eindeutig für Sandras Qualität als Kursleiterin und als Mensch.

Mach weiter so!

Claudia

Liebe Sandra, genauso kenne ich Dich und schätze das auch total an Dir: Du machst Angebote, aber Du machst einem kein schlechtes Gewissen, wenn man diese nicht annehmen kann oder möchte.

Du sagst sogar explizit, dass Du mit einem „Nein" leben kannst. Dadurch kann man sich wirklich frei (!!!) entscheiden. Auch dagegen, ohne dass Du es einem übel nimmst.

Da bist Du wirklich eine große Ausnahme! Ich danke Dir dafür, dass ich ganz ehrlich sagen darf, dass ich mich für manches nicht geeignet fühle.

Eine Teilnehmerin

4)   So sehen mich meine Vorbilder und Mentoren

Sandra es de aquellas personas que me alegro haber conocido y de que forme parte de mi vida porque tiene algo inspirador para mi. De alguna manera ,cuando aparece en un seminario, hace que salga lo mejor de mi como profesor, seguramente por su pasion , por el entusiasmo y la alegria que muestra y que a porta a todos los que participamos en los seminarios. Creo que es de aquellas personas que solo le pasaran cosas positvas y que solo aportara al mundo cosas positivas, y eso es debido a su gran poder personal. Es una mujer con mucha energia porque sabe como cuidarla, con mucha consciencia de si misma y del mundo que le rodea, con gran capacidad de mover su punto de encaje para cambiar su punto de vista, aprender y adaptarse a la vida pero sin perder su esencia. Por ultimo tiene una voluntad fuerte que surge de su pasion por la vida y su capacidad de escucharse y respetarse, sabe lo que quiere y como crearlo o atraerlo a su vida. Podria decir que ell es realmente una guerrera impecable y una mujer de conocimiento y me encanta compartir experiencias con ella.

Xavier

Übersetzung:
Sandra ist einer dieser Menschen, die ich gerne getroffen habe. Sie ist Teil meines Lebens, weil sie etwas Inspirierendes für mich hat. Irgendwie bringt sie, wenn sie an einem meiner Seminare

teilnimmt, das Beste aus mir als Lehrer heraus. Vermutlich aufgrund ihrer Leidenschaft, ihrer Begeisterung und Freude, die sie zeigt und die auf alle übergeht, die an den Seminaren teilnehmen.

Ich denke, sie ist einer jener Menschen, dem nur positive Dinge passieren, und der nur positive Dinge in die Welt bringt. Das liegt an ihrer großen persönlichen Kraft.

Sie ist eine Frau mit viel Energie, die weiß, wie man mit dieser Energie umgeht. Sie hat viel Bewusstsein für sich selbst und für die Welt um sie herum, und die Fähigkeit, ihren „Montagepunkt" zu bewegen, um ihren Standpunkt zu ändern, zu lernen und sich dem Leben anzupassen. Und das, ohne ihre Essenz zu verlieren.

Schließlich hat sie einen starken Willen, der sich aus ihrer Leidenschaft für das Leben und ihrer Fähigkeit ergibt, zuzuhören und sich selbst zu respektieren. *Sie weiß was sie will und wie sie es schaffen oder in ihr Leben ziehen kann.*

Ich kann sagen, dass sie wirklich eine makellose Kriegerin und eine Frau des Wissens ist, und ich liebe es, Erfahrungen mit ihr zu teilen.

Xavier

Sandra, schon Dein Name hat einen besonderen Klang.

Deine Diktion, Deine Stimme, Deine Gestik. All das ist mitreißender, eindringlicher als die üblichen Ansagen bei der Gymnastik. Nicht nur die männlichen Teilnehmer hängen gebannt an Dir und Deinen Übungen, auch die Teilnehmerinnen sind begeistert von Deinen Workouts.

Die Freude, Dich als Übungsleiterin bei meinem „Arzt-Patienten-Seminar" dabei haben zu dürfen, war von Anfang an sehr intensiv.

Ich hoffe, Du bleibst uns noch lange als Kursleiterin und als ein Mensch erhalten, der öfters mal den „Mainstream" hinterfragt.

Dr. P. Zimmer

Liebe Sandra, in den mehr als 13 Jahren unserer Zusammenarbeit in der Bank habe ich Dich als Assistentin und vor allem als Mensch sehr schätzen gelernt.

Ganz wichtig waren für mich Deine Zuverlässigkeit und die Wahrung der Vertraulichkeit. Ich konnte mich immer darauf verlassen, dass Du die vereinbarten Aufgaben erledigst und dass Du vertrauliche Informationen auch bei Dir behältst. Dabei warst Du stets offen für alles Neue.

Durch Deine freundliche und herzliche Art warst Du bei vielen Kollegen sehr beliebt und hoch geschätzt. Du bist hilfsbereit und empathisch und hast generell eine positive Einstellung zum Leben.

Kurz: Sandra ist zuverlässig und wahrt Vertraulichkeit. Sie ist offen, freundlich, hilfsbereit und empathisch und hat eine grundsätzlich positive Einstellung.

Ich bin froh und dankbar, dass wir zusammengearbeitet haben und dass Du mich über die Jahre so toll unterstützt hast.

Max

5) Amüsante Erinnerungen - Zwei Erlebnisberichte

Meine „Augsburger Sandra", ewiger Traum und unerreichbare Wirklichkeit

Der Name „Sandra" hat in meinem Leben viele Gesichter, zumeist sehr hübsche. „Alle Frauen, deren Name auf a endet, sind schön" (*Zitat 1987 einer Gruppe Jungen im Hofer Freibad*). So eben auch das über die Jahre schön gebliebene und zunehmend strahlende und zufriedene Gesicht von Dir.

Ich kann nicht genau sagen, wie lange ich Dich schon kenne. Das fällt irgendwie in die Zeit der Tanzkurse an unseren Schulen. Du, die Freundin eines Sportfreundes, die, wie oben schon erwähnt, zu den schönen Mädels der Zeit gehörte und aktiv im Turnsport war. Nett, schön anzusehen und auch ganz ok. Das war mein Eindruck, wenn (!) man sich mal beim Tanzen, am See oder abends in den Hofer Kneipen und Cafés unterhalten hat. Ich muss gestehen, in den guten, alten Zeiten waren „vergebene" Frauen absolut tabu und so richtig im Focus meines Interesses standst Du auch nicht. Noch nicht.

Wie viele andere auch, haben wir beide unsere Heimatstadt Hof nach der Schule, bzw. der Ausbildung verlassen und uns nur gelegentlich an den Wochenenden im Hofer „Nachtleben" getroffen. Und da sind wir dann auch wieder ins Gespräch gekommen. Irgendwie war da plötzlich vieles anders.

Zum ersten Mal haben wir wirklich miteinander geredet und ich habe einen sehr emotionalen, lebensfrohen, aber auch sehr verletzlichen Menschen kennengelernt. Deine Offenheit und der gefühlvolle Umgang mit Deinen Erlebnissen haben mich tief getroffen und neugierig gemacht, wer hinter dem süßen, lächelnden Gesicht steckt. Ich wollte wissen, wie Du gerade lebst, wie Deine Wohnung aussieht und Deine „Nicht-Hofer-Freunde" so sind. Deinen damaligen Freund kannte ich, im Gegensatz zu Dir, sehr gut.

Ein Besuch bei Dir führte dann auch zu DEM Schlüsselerlebnis mit Dir, das sich tief in mein Herz gebrannt hat und bis heute sicher zu meinen Kernemotionen gehört. Umgeben von Deinen ganzen Erinnerungen an Hof, der Schule, Deinem alten Zuhause (bei Deinen Eltern) öffnetest Du mir viele Einblicke in Dein damaliges Gefühlsleben, teiltest Deine Freuden, Sorgen und Ängste mit mir.

Schon damals warst Du ehrlich, naturbewusst und gesundheitsorientiert. Wir verbrachten viele Stunden mit Teetrinken, spazieren gehen, reden und zuhören. „Am See und im hohen Gras liegend", Kopf an Kopf, träumten wir uns durch unsere Leben. Obwohl wir uns nicht berührten, waren wir uns in diesem Augenblick so nah, verbunden und eins in der großen weiten Welt. Am liebsten hätte ich Dich umarmt und nie wieder losgelassen, diesen Moment in die Ewigkeit verlängert. Allerdings: Tabu! Wie bereits geschrieben.

Ich war angezogen von dieser Mischung aus Attraktivität, unbekannt und vertraut, zielstrebig und voller Träume für die Zukunft. Jedoch war da immer noch eine gewisse Unsicherheit und Respekt vor Veränderung und den Risiken des Unbekannten.

Vielleicht wollte ich Dir ein wenig Sicherheit geben und gleichzeitig Dein Interesse für die Welt „da draußen" wecken. Diese schien mir groß, schnell und voller Möglichkeiten. Irgendwie hat uns das Schicksal dann doch, über einen Urlaub in Ägypten, zueinander geführt und einige Träume wurden wahr.

Wir zeigten uns unsere Welten, erträumten uns Dinos in die Nacht (*Insider-Info*) und genossen dieses innige Verliebtsein. Ich glaube auch heute noch, dass unsere Herzen sehr dicht beieinander waren und daher ein so vertrautes Gefühl erzeugten. Dieses Gefühl ist immer sofort da, wenn wir uns wieder sehen. Es ist zwischen und mit uns. *Du warst und bist ein Herz-Mensch und lässt es alle (mich auch) spüren.*

Was allerdings bereits zu diesen Zeiten erkennbar war: Unsere Welten hatten nur kleine Schnittmengen und einige unüberbrückbare Hindernisse. Mit meinem Umzug auf die andere Seite der Welt wurde diese Schnittmenge dann sehr deutlich und unsere Wege und Welten trennten sich.

Wunderschön, dass wir immer den Kontakt gehalten haben und so stets wussten, was beim anderen „so los ist". Letztlich ist ja bei uns beiden einiges passiert in diesen 20 Jahren. Beruf, Wohnort, Immobilien, Familie und Beziehung, schöne, aber auch schmerzhafte Entwicklungen auf beiden Seiten.

Für Dich gab es dabei (aus meiner Sicht) einen großen Schwerpunkt, den Du zunehmend ausgebaut hast. Deine Passion: Lernen über Körper, Geist und Natur, zum Wohl Deiner Mitmenschen. Allround Coaching!? Ich fand es immer interessant, konnte und wollte aber nicht ganz Deine Wege gehen oder alle Empfehlungen annehmen. Manchmal war es zu extrem für mich, manchmal hat mir mein Leben so einfach zu gut gefallen.

Deine Beharrlichkeit und der Glaube an das, was Du lernst und tust, sind stetig gewachsen. Doch nicht nur das hat sich in den letzten Jahren stetig verändert. Auch Deine Einstellung mit Deinen Ängsten umzugehen, Schutzmechanismen, die Du für Dich gefunden hast, die Art, wie Du mit Deiner Umwelt kommunizierst und welche neuen Welten Du Dir eröffnet hast, sprechen dafür, dass Veränderung (in manchen, aber nicht in allen Dingen) für Dich nicht mehr bedrohlich ist, sondern eher Chancen bietet.

Gewiss spielt hierbei Deine spirituelle Entwicklung eine große Rolle, Themen, die Du zu Schulzeiten sicher nicht bei Dir erwartet hattest.

Dieser Bereich ist wahrscheinlich auch die neue Schnittmenge unserer beiden Leben, in dem wir beide uns gerade gegenseitig erforschen können. Unsere Vertrautheit der letzten Jahrzehnte hilft dabei, schnell auf diese sehr intime Ebene zu gelangen und dort wieder Gemeinsames zu erleben. Nicht dasselbe, aber in Frieden und mit Wahrheit.

Du fragst, ob ich einen Wunsch habe? Ja. Gerne würde ich den Moment „am See im hohen Gras" wieder erleben. Aber, wie sagte schon Heraklit: *„Man kann nicht zweimal in denselben Fluss steigen".*

Ich würde aber gerne an derselben Stelle noch einmal eintauchen.

Christian

Hallo Sandra, ich wertschätze es sehr, meine Wahrnehmung zu Dir und unsere Geschichte in Deinem Buch zu Papier bringen zu dürfen. Danke.

Ich gehe mal zurück zum Anfang, als ich Dir das erste Mal begegnet bin. Ich stand auf der Garage vor Deiner Wohnung und montierte eine Überdachung am Haus, als Du das Haus verließt und in Deinem Polo davonfuhrst. Als Du mir und meinem Kollegen zugewunken hast, habe ich Dich als eine ungeheuer hübsche, selbstbewusste und sportliche, junge Frau wahrgenommen, die mit beiden Beinen „wohl" fest im Leben steht. Ich sah in dem Moment auch eine Person, die den damaligen Livestyle-Trend verkörperte: dynamisch, zielstrebig, hocheffizient, erfolgreich und letztendlich unnahbar.

Umso überraschter war ich, als Du mich zu einem Kaffee eingeladen hast. Ich bin mal ehrlich: Du wolltest mich als Kunde Deiner Produkte (Nahrungsergänzung) werben (*Anmerkung der Autorin: „Stimmt, das war sicher auch eine Absicht").*

Ich danke dem Leben, dass es uns zueinander gebracht hat. Du hast mir die Spirituelle Welt eröffnet. Das Buch „Die Prophezeiungen von Celestine" - weißt Du es noch?

In dieser „Mischung" warst Du für mich damals „göttergleich". Erfolgreich, unnahbar und spirituell - das sind die passenden Worte. So habe ich Dich damals wahrgenommen und erlebt. Ich selbst war in dieser Zeit sehr naiv und keinesfalls bei mir selbst.

Jetzt folgt ein Zeitsprung. Zwei Jahre später. Alles, was in diesem Zeitraum geschehen ist, bleibt in unseren Erinnerungen - wie ein schönes Geheimnis.

Danach erlebte ich Dich ganz anders. Ich erlebte eine Sandra, die in einer Beziehung steckte, die sie zwar lähmte, sie aber dennoch wachsen ließ. Eine ambivalente Sandra. Es war für mich sehr offensichtlich, dass die Sandra ihren eigenen Weg, den sie gehen wollte, verloren hatte. Sie war auf der Suche, während sie aber ihre Stärken immer in sich trug: ihr Perfektionismus, ihre Neugierde nach immer mehr Wissen. Doch leider war ihr „die Leichtigkeit des Lebens" völlig abhandengekommen. Sie lief eher einen erschöpfenden Marathon. Dieser spiegelte sich in ihrem immer vollen Terminkalender wieder.

Dann endlich: Ein „Ja" zu Dir selbst durch die Trennung von Ritschy. Durch diesen Schritt hast Du Deinen Weg gefunden. Es war sicher kein einfacher Schritt, doch ein Meilenstein auf dem Weg in Deine Selbstfindung.

Unsere regelmäßigen Treffen endeten zu diesem Zeitpunkt. Es wäre unangemessen, wenn ich nun über Dich weiterschreiben würde. Somit komme ich noch einmal zurück zu unserer Freundschaft.

Du bist einer der Handvoll Menschen in meinem Leben, bei dem das „unsichtbare Band der Freundschaft" immer Bestand hat. Einem Menschen, bei dem ich mir sicher bin, dass bei keiner Begegnung auch nur eine Sekunde eine Annäherungs-Floskel vonnöten sein wird.

Du bist einer der Menschen, der durch sein JA zu sich selbst, durch unsere Trennung mir einerseits eine Art von Schwere gegeben hat, andererseits auch die Möglichkeit für meine eigene Selbstreflexion und mein Wachstum eröffnet hat.

Dadurch nimmt Dankbarkeit in unserer Freundschaft immer einen wichtigen Platz ein. Unsere Freundschaft ist zwar „räumlich distanziert", aber sie ist immer erfüllt von einer wohltuenden Tiefe und Verbundenheit.

Ich sehe Dich auf DEINEM Weg. Du läufst und er wird Dich zu Deinem persönlichen Ziel führen. Du weißt was Du willst, und vor allem was du NICHT willst. Du hast nach all Deinen vielen Erfahrungen und Probieren, die Leichtigkeit wieder entdeckt und bist mit viel weniger Geschwindigkeit unterwegs.

Ich selbst bin und bleibe eben immer ein ungebildeter Hauptschüler, aber einer mit einem großen Herz. Ich schreibe diese Zeilen und schicke sie jetzt ab, OHNE sie nochmals nachzulesen oder zu korrigieren. Dadurch bleiben meine Worte authentisch.

Daaanke für Deine Wertschätzung… Ich drück Dich,

Tommy

Erstes Kapitel - Die Wurzeln dieses Buches

1) Ein aufrichtiges und liebevolles „Dankeschön" an meine Oma

Meine Oma hatte für jede noch so banale Situation einen Spruch parat. Manchmal sehr weise, manchmal einfach nur lustig. „Von nix kommt nix", „nich lang schnacken, na denn man tau". Das ist übrigens plattdeutsch und heißt so viel wie „rede nicht lang herum, sondern tu es einfach, fang an, geh los".

Auch Bibelzitate, Bauernregeln und selbst erfundene, situationsbedingte Neuschöpfungen hatte sie parat. Das ist doch alles „Tüdelkram" (dt. „unwichtig"), oder „wat mutt, dat mutt" (dt. „was getan werden muss, muss getan werden"). Ich konnte mich jedes Mal kringeln vor Lachen. Alleine schon dadurch, dass sie diese Sprüche meist in einer Mischung aus deutsch und plattdeutsch von sich gab, einer für mich skurrilen, witzigen und meist unverständlichen deutschen Sprache. „Immer suutje un gediegen, wat nich fardich warrt blifft liegen", was so viel heißt wie „Sei doch nicht so streng mit Dir, denn was nicht fertig wird, das bleibt eben liegen". Eine entspannte Lebenseinstellung, oder? Ich musste oft belustigt nachfragen, was das Kauderwelsch denn nun wieder bedeutete und jeder Versuch der Wiederholung dieser Zungenbrecher war ein Riesenspaß. Oft gelang ihr nicht einmal eine richtige Übersetzung.

Meine Oma hatte auch noch genug andere echte deutsche Lebensweisheiten auf Lager, die ihr einfach ganz spontan und situationsbedingt aus dem Mund flogen. Da sie eine kluge und weise

Frau war, bin ich mir allerdings sicher, dass sie hin und wieder auch ganz bewusst solche Zitate in die Runde warf, um heikle oder ernste Situationen zu entschärfen, um die Aufmerksamkeit aller umzulenken.

Sätze wie „Jesus sprach zu seinen Jüngern, wer keine Gabel hat, der nimmt die Finger(n)", oder „In der Not schmeckt die Wurst auch ohne Brot" sind mir so präsent, und mit einem Schmunzeln kommen sie mir heute noch über die Lippen. „Was Hänschen nicht lernt, lernt Hans nimmermehr", oder „Was du heute kannst besorgen, das verschieb getrost auf morgen". Diese Sätze versprühten für mich so viel Charme, Witz und Unbeschwertheit. „Heute gibt's nur große Kartoffeln, denn sonst müssten wir alle kleine essen". Völliger Quatsch, hundertfach gehört, aber immer wieder „typisch Oma". Wenn ich diese Zitate heute höre, dann versetzen sie mich sofort um Jahre zurück, in meine Kindheit, ins Haus meiner Großeltern. Dort fühlte ich mich einfach glücklich, unbeschwert und frei.

Ich sehe mich zum Abendbrot - natürlich im Schlafanzug - am Küchentisch sitzen, vor mir ein ausgeblichenes Holzbrettchen, darauf ein Messer – natürlich mit Holzgriff. Es gab, wie immer wenn ich dort zu Besuch war, Würstl aus der Dose. Diese waren so herrlich weich, so ganz nackig, ohne Haut, und entfalteten, nachdem sie tief in das Senfglas eingetaucht worden waren, ein einzigartiges Geschmackserlebnis. Lecker!

Hier bei der Oma schmeckte nicht nur einfach alles anders, es war auch alles viel unkomplizierter und ohne viel Etikette. Zum Frühstück zum Beispiel gab es keine Teller. Wozu auch? Die

Butter und das selbstgemachte Johannisbeer-Gelee konnte man auch ohne Unterlage ganz unkompliziert auf der frisch aufgebackenen, herrlich knusprigen und bröselnden Semmel verteilen. Die Krümel wurden nach Beendigung der Mahlzeit einfach weggewischt - fertig. Danach wurde die große Spülschüssel auf den Tisch gestellt, daneben die Abtropfschüssel für das Geschirr. Ich liebte es das Geschirr abzutrocknen und die Holzbrettchen stehend auf dem Rand des Sideboards vom Küchenschrank gut ausbalanciert zu drapieren. So konnten sie zu Ende trocknen. Eine einfache Art zu leben, wie es zuhause undenkbar war. Dort gab es strenge Regeln und Tischmanieren.

Meine Oma schaffte es einfach eine lockere Fröhlichkeit, eine lebendige Leichtigkeit zu erzeugen. Nicht nur in ihrer Ausdrucksweise und Sprache, sondern eben auch in ihrer Art zu leben. In ihrer Gegenwart war für mich irgendwie immer alles einfach, lustig und unkompliziert. Es gab wenig Etikette und keine für mich sinnlosen Regeln. Im Schlafanzug am Tisch sitzen, saure Apfelspalten in Zimtzucker eintunken, genießen und dann gemeinsam Kreuzworträtsel lösen. Das war für mich schon als Kind das Leben, das ich genießen konnte. Noch heute liebe ich diese Unbeschwertheit und versuche sie so oft wie möglich in meinen Alltag zu integrieren.

Meine Oma war somit für mich ein ganz besonderer Mensch. Ich habe sie auch nie traurig oder unglücklich erlebt, nie wütend oder aufbrausend. Sie war immer geduldig, konnte zuhören und wusste immer einen liebevollen Rat. Auch gab es für sie keine unlösbaren Probleme, nur spannende Aufgaben.

Mit meiner Oma konnte ich über alles reden, ihr alles anvertrauen. Nichts war peinlich oder durfte nicht ausgesprochen werden. Ich glaube, bei ihr habe ich gespürt, dass ich so, wie ich bin, richtig bin, ernst genommen und vor allem geliebt werde.

Jedes Jahr in den großen Ferien machte ich dort Urlaub, und vor vielen Prüfungen, Facharbeiten, oder anderen schulischen Themen, fuhr ich für eine Auszeit zu Oma und Opa aufs Land. Dort konnte ich immer ungestört lesen, schreiben, für Prüfungen lernen, arbeiten, mich einfach erholen und mich verwöhnen lassen. Es fühlte sich alles so einfach an, so frei, so unbeschwert. Ich konnte meine Oma alles fragen, denn für mich war sie nicht nur witzig, fröhlich und wertschätzend, sondern auch überaus klug. Wenn sie mit ihrem Latein am Ende war, dann gab es ein Lexikon, in dem sie mit mir Antworten auf alle offenen Fragen recherchierte. Sie hörte mir immer geduldig zu, wenn ich ihr meine Aufsätze vorlas, korrigierte mündlich und diskutierte stundenlang mit mir. Oft erzählte sie mir von ihren Erfahrungen, ihren Erlebnissen, wenn es gerade zum Thema passte - und es passte immer.

Übrigens, meine Oma war auch der Kreuzworträtsel-Profi, was mich vor allem in späteren Jahren herausgefordert hat. Alle Kästchen auszufüllen war unser Ziel - mit ihr ein leichtes Gelingen.

Tiefe Weisheit hat meine Oma wohl durch ihre Lebenserfahrung, ihre Gabe zuhören zu können, ihre Wissbegierde und ihre lebenslange Lernbereitschaft erlangt. All ihr Wissen, ihre Erkenntnisse, ihre Erfahrungen waren für mich einzigartig. Über allem aber stand ihre stets positive Sicht auf die Dinge, welche das Fundament ihrer Lebens-Werte darstellte. So sind ihre lockeren Sprüche und Redensarten für mich der Anker immer wieder Lebensfreude zu finden, das Leben spielerisch zu sehen, Herausforderungen anzunehmen und nicht überall Probleme zu sehen.

Allem in Liebe und Wertschätzung zu begegnen war ihre Lebenseinstellung, die auch ich heute vertrete und lebe. Wertschätzung auch meiner Oma gegenüber.

Als Zeichen meiner Verbundenheit im Herzen zünde ich in jeder Kirche, die ich besuche, eine Kerze für sie an. So spüre ich ihre Nähe, ihre Leichtigkeit und ihr herzliches Wesen. Ich weiß, sie ist immer da für mich. Ihre Liebe kann ich spüren. Heute noch.

„Denn man tau min Deern". Dann mal los, mein Mädchen…
„Danke, liebe Oma".

2) Der Impuls zu diesem Buch

Nach einer fast zwölfmonatigen Burnout-bedingten Auszeit möchte ich über eine umfassende, ehrliche und strukturierte Reflexionsarbeit mein Leben neu ausrichten. Ich möchte möglichst umfängliche Klarheit über meine Lebenswerte und meine Bestimmung in dieser Welt erreichen.

Es geht um die Gestaltung meiner beruflichen Zukunft und in diesem Zusammenhang um meine ganz persönliche Botschaft nicht nur an die Menschen in meinem Umfeld. Ich möchte meine Erfahrungen aus der Weisheit meines Herzens weit über die Grenzen meiner kleinen Welt hinaustragen und endlich meine Visionen über meine zukünftige Arbeit in die Realität umsetzen.

Als Team-, Bereichs-, Gebietsleiter- und zuletzt als Vorstands-Assistentin in einer großen deutschen Bank habe ich 28 Jahre umfangreiche Erfahrungen in der materiellen, hektischen und von Stress und Termindruck geprägten Welt erlebt.

Parallel dazu habe ich mir über all die Jahre im Gesundheitsbereich, d.h. in der Welt des Sports, der Bewegung, der Ernährung, der Entspannung und der Spiritualität viele Qualifikationen und mannigfaltige Erfahrungen in Theorie und Praxis erworben.

Der Weg in mein Burnout war unumgänglich und für mich offensichtlich vorprogrammiert. Ich war mir stets bewusst, dass ich meinen physischen Körper permanent an seine Grenzen und meine Seele teilweise sehr unsanft durch diese Prozesse führte.

Zusätzlich zu diesen vielfältigen und intensiven körperlichen und psychischen Grenzerfahrungen aus der jahrelangen beruflichen Doppelbelastung und meinem Pendlerdasein (drei Stunden täglich), hat mich die Dramaturgie zweier Beziehungen geprägt. Additiv der Kauf und Verkauf einer gemeinsamen Eigentumswohnung im Zuge der Trennung von meinem langjährigen Partner, die Krebserkrankung meiner Mutter und aktuell die schwere Erkrankung meines Vaters, bzw. die Folgen daraus.

Ich bin dennoch sehr stolz und überaus dankbar für mein farbenfrohes und intensives Leben und für all die Menschen, die rückblickend alle meine Lehrer waren. Ohne diese Menschen und gerade die schwierigen Beziehungen hätte ich niemals all diese Erfahrungen gemacht, die mich zu der Person gemacht haben, die ich heute bin.

Mein Ziel ist es, im Rahmen meiner Geschichte, in deren Mittelpunkt die wahrhaftige Begegnung mit einem Mann steht, meine Erkenntnisse und Botschaften in die Welt zu tragen. Dieses Buch soll mich in meiner zukünftigen Arbeit als Coach dabei unterstützen, Menschen zu begleiten, ihren Körper wieder zu spüren, sich wieder wahrzunehmen und eine innere Stabilität zu erreichen. Ich möchte die Menschen darin unterrichten, in ihren Herzen wieder Liebe und Dankbarkeit zu spüren und somit ihre Seele wieder mit Lebensfreude zu erfüllen.

Nach meiner Überzeugung führt der Weg in ein mit Leichtigkeit, Glück und Lebensfreude erfülltes, intensives Leben nur über einen ganzheitlichen Weg. Ich möchte Menschen einen Weg anbieten, auf dem sie ihre Persönlichkeit, ihre Autonomie und vor allem ihre Herzenswünsche wiederentdecken und zum Leben erwecken.

All meine authentischen Erlebnisse, all meine gnadenlosen und ehrlichen Reflexionen, alle daraus gewonnenen Erkenntnisse und erarbeiteten Botschaften möchte ich meinen Lesern im Rahmen eines autobiographischen „Botschaften"-Gebers anbieten. Dieses Buch bildet die Basis meiner künftigen Arbeit ab, die folgende Kernelemente beinhaltet:

- Variantenreiche Körperarbeit (Yoga, Pilates, Walking, Kneippen, Radfahren usw.)

- Meditation, Achtsamkeits- und Bewusstseinstraining in Verbindung mit spirituellen Erfahrungen in der Natur

- Erlebnisse mit Klangschalen (Meditation, Hypnotherapie und Klangschalenmassage)

- Ernährungsberatung mit Fokus auf Basische Ernährung und Fasten

- Informationen über gesundheitliche Belastungen durch Trinkwasser und Elektrosmog

- Gruppen- und Einzelcoaching

- Vorträge und Workshops

Die Menschen sollten gerade jetzt in dieser turbulenten Zeit den Kontakt zu ihrer Seele, ihrer Intuition, ihrem ICH und ihrem wahren Selbst nicht verlieren, bevor sie von der Masse mitgerissen werden.

Umweltgifte, elektromagnetische Strahlung, Dauerstress und vieles mehr wirken destruktiv auf die Zirbeldrüse ein. Diese ist für unsere Intuition, unsere emotionale Intelligenz und unsere Gefühle zuständig.

Es gibt für mich nichts wichtigeres, als diese Botschaft in die Welt zu tragen, verbunden mit dem Aufruf, in die eigene Verantwortung zu gehen und zu handeln. Zum eigenen Wohl und zum Wohl unserer Gesellschaft, unseres Planeten.

3) Mein Burnout - ein Geschenk des UNIVERSUMS und der Startschuss zu diesem Buch

Da lagen sie vor mir. Zwei Seiten, sauber ausgedruckt auf DIN A4, als Aktennotiz. Versehen mit dem heutigen Datum und der wortgewaltigen Signatur des Absenders, meines Chefs. Zwei Seiten meiner „Inkompetenzen" in Worte gefasst, als Aufzählung mit Spiegelstrichen, die mir deutlich vor Augen führen sollten, warum ich für diesen Job in seinen Augen scheinbar absolut ungeeignet war.

Diese gnadenlose Liste las mir mein Chef gerade laut vor. Langsam, eindringlich und mit klarer Stimme. Seine Wortwahl war sehr überlegt und die Fakten sehr eindeutig formuliert. Sie duldeten keinen Widerspruch. Er war für mich in seiner Rolle als Chef sehr präsent und stark. Zwischen den einzelnen Aufzählungen blickte er auf, suchte meine Augen. Wollte er sich vergewissern, ob ich ihm folgen konnte, oder erwartete er bereits Tränen? Mein Herz schlug mir bis zum Hals, Wut kroch hinterher, aber ich zwang mich ruhig zu bleiben, versuchte ihm weiter aufmerksam zu folgen.

Gedanklich hakte ich Themen ab, die aus meiner Sicht schlichtweg nicht richtig waren, die ich jederzeit entkräften, bzw. widerlegen konnte. Themen, Aufgaben, mit denen er selbst in Teufels Küche kommen würde, wenn diese unserer Personalabteilung oder unserem Betriebsrat zu Ohren kämen. Andere Fakten auf der Liste hatten durchaus ihre Berechtigung. Meine Schwäche, über die wir schon oft gesprochen hatten, kristallisierte sich in genau dieser Aufgabe, in genau diesem Arbeitsumfeld als problematisch heraus. Permanent unter Zeitdruck stehend, Zeitdruck, der von mehreren Personen gleichzeitig ausgeübt wurde, blockierte bei mir jedes klare Denken. Das war schon immer so, aber noch nie ein Problem. In jedem anderen Job, den ich vorher ausgeübt hatte, gab es immer eine „Bearbeitungszeit danach", in der ich die Aufgaben mit strukturiertem und konzentriertem Vorgehen zu vollster Zufriedenheit und Anerkennung erledigen konnte.

In dem dreiviertel Jahr unserer Zusammenarbeit war es weder ihm, noch den anderen handelnden Personen gelungen, sein chaotisches Zeitmanagement zu unserer aller Entlastung zu verändern. Diese Veränderung voranzutreiben war SEIN Part der Vereinbarung zu Beginn meiner Tätigkeit in diesem Office. Das von ihm tatsächlich so bezeichnete „Chaos im Office" wollte er mit mir in eine geordnete Struktur führen. „Mit Dir fange ich an hier etwas zu verändern". Dieser Satz hatte mich sehr stolz gemacht und mich in all der Zeit stark motiviert. MEIN Part in diesem Kontrakt war die unermüdliche Einsatzbereitschaft meinen Chef zu organisieren. Auch seine privaten Aktivitäten. Und diese natürlich mit high priority. Besser gestern, als heute. Ich hatte da einfach nicht rechtzeitig Grenzen gezogen und legte unermüdliche und fortwährende Einsatzbereitschaft an den Tag, in die Nacht, ins Wochenende. Ich glaubte bis zuletzt, das sei mein Preis für diesen Job. Ich verteidigte mich schon eine ganze Weile vor den anderen und letzten Endes vor mir selbst. Jetzt, in diesem finalen Gespräch wurde mir klar, dass sich an diesen für mich chaotischen Zuständen der äußeren Umstände nichts ändern würde.

Es folgten weitere endlose Minuten des Zuhörens, die ich niemals vergessen werde. Die aufgestiegene Wut hielt sich in lähmender Fassungslosigkeit in meinem Körper fest und ließ mich erstarren. Ich zwang mich ruhig zu bleiben, bis auch das letzte Wort vorgelesen war und der provokante Blick meines Chefs meine Augen suchte und diese auch fand. Ich erwiderte seinen Blick für einen für mich unendlichen Moment und erinnerte mich dabei an meine Yoga Ausbildung: „Einatmen, ausatmen, loslassen". Stille aushalten und nicht sofort in eine Verteidigungshaltung gehen. Nur jetzt nicht rechtfertigen, sondern erst mal Fassung bewahren. Eine extreme Herausforderung, auf deren Bewältigung ich heute noch stolz bin.

Die Starre schlug um in eine Traurigkeit. Noch vor einem Jahr wollte ich diesen Job, kämpfte dafür und war so stolz dann wirklich antreten zu dürfen. Meine alten und neuen Kollegen motivierten mich, „Sandra, wenn nicht Du, wer dann?". Voller Begeisterung und Elan nahm ich alle Hürden und Unzulänglichkeiten lächelnd in Kauf. Probleme kannte ich nicht, es waren alles Aufgaben, die mich stärker machten. So ein „wenig" Einsatz zeigen, Ehrgeiz, Disziplin und Härte hatten mich schon immer ausgezeichnet. Das bin ich, das kann ich und eine Durststrecke werde ich doch überleben.

Doch wo war ich da hineingeraten? Was war nur los mit mir? Alle Warnungen seitens Kollegen und Freunden wollte ich nicht hören. Sie alle erkannten, dass ich weit über meine Kräfte hinaus Einsatz zeigte. Nur ich selbst wollte das nicht wahrhaben.

Jetzt aber war ich gezwungen der Wahrheit ins Gesicht zu blicken und musste zugeben, dass ich das alles nicht mehr bewältigen konnte. Diesen Kampf konnte ich nicht mehr gewinnen, nur noch erhobenen Hauptes mit Stolz und Würde das Büro verlassen.

Ich kämpfte mit den Tränen. Der Raum um mich begann sich zu drehen. Ich riss mich zusammen, blickte meinem Chef in die Augen und hörte mich mit klarer und deutlicher Stimme sagen: „Gut, in einigen Punkten hast Du sicher recht. Ich habe Schwächen, derer wir uns beide bewusst sind. Diese bestehen unter Stress und Druck. Die meisten Anklagepunkte aber kann ich nicht annehmen. Sie sind in einen subjektiven Kontext Deiner Betrachtungsweise gestellt und aus meiner Sicht schlichtweg falsch. Ich werde aber keine Energie mehr aufwenden, mich bezüglich dieser Liste zu rechtfertigen, zu erklären, zu verteidigen, geschweige denn mich noch mehr anzustrengen, noch mehr Einsatz zeigen. Meine Grenze ist erreicht, sogar schon lange überschritten. Wenn ich Dir und Deinem Ansehen in Deiner Position schade, dann werde ich hiermit diesen Job beenden. Ich muss darüber auch nicht mehr nachdenken. Diese Entscheidung treffe ich klar und deutlich, hier und jetzt".

Ich war etwas erstaunt über meine eigene Klarheit, aber diese Worte fühlten sich absolut stimmig an. Nach einer weiteren für mich endlosen Zeit unterbrach mein Chef die unerträgliche Stille mit folgenden Worten: „Okay, Sandra, ich habe schon mehrere solche Gespräche geführt, aber so wie Du hat noch keiner reagiert. Wir klären morgen, wie wir unsere Zusammenarbeit einvernehmlich und vernünftig beenden". Nach diesen Worten durfte ich das Büro verlassen. Unsere Unterredung war beendet.

Den restlichen Arbeitstag erlebte ich in einer Art Trance. Mein Unterbewusstsein schubste mich gnadenlos zwischen zwei Realitäten hin und her. In der einen Realität war mir schwindlig, ich war schweißnass, fror erbärmlich und zitterte am ganzen Körper.

Mein Kopf war leer. Ich konnte keinen klaren Gedanken mehr fassen. In der anderen Realität spürte ich nur Erleichterung darüber, dass diese würdelose und unmenschliche Zeit vorbei war. Endlich konnte ich auch mir gegenüber eingestehen, dass ich mich ganz bewusst in ein totales Burnout hineingearbeitet hatte. Doch dieser Kraftakt war nun vorbei.

Und dann überwältigte mich plötzlich ein Gefühl von Dankbarkeit. Ich durfte jetzt ausruhen. Außer einer totalen körperlichen und psychischen Erschöpfung hatte mein Körper keine ernsthaften Krankheiten entwickelt. Ich hielt keine Kündigung in der Hand, sondern nur ein „es wird eine Lösung geben". Dann erst kamen endlich die Tränen. Ich weinte hemmungslos. Alle Spannungen der letzten Monate, meine aufgestaute Wut und meine Fassungslosigkeit durften sich so entladen. Immer wieder, bis ich vollkommen leer und kraftlos war.

In den nächsten fünf Tagen sorgte ich für einen aufgeräumten Arbeitsplatz, übergab alle Themen meinen Vertretungen und räumte mein Büro aus. Hierher würde ich nie wieder zurückkehren.

Jetzt, nach fast einem Jahr Erholung und Regeneration blicke ich immer noch sehr dankbar auf diese harte Erfahrung zurück. Eine Erfahrung, die mich in ein neues Bewusstsein geführt hat. Ich weiß was ich leisten kann wenn ich es von ganzem Herzen will. Ich habe meine Grenzen kennengelernt und auch erfahren wie schwierig es ist, sich diese einzugestehen und konsequent gegenüber den handelnden Personen umzusetzen. Ich habe erfahren, wie mein Körper unter Dauerstress reagiert und nicht mehr funktioniert.

Alles Wissen um gesunde Ernährung, Entspannung, Meditation und Sport war nur noch theoretisch in meinem Kopf, aber praktisch nicht umsetzbar, bzw. realisierbar. Das Burnout-Rad hatte mich in einen Teufelskreis hineingedreht. Aus diesem zu entkommen war zu dem Zeitpunkt schon lange nicht mehr möglich. Ich hatte insoweit Glück, dass ich noch vor dem totalen physischen Zusammenbruch zum Ausstieg gezwungen wurde.

Ich bin <u>heute</u> aber der Meinung, dass es durchaus möglich ist, gar nicht erst in dieses Burnout-Rad hineinzugeraten. Gnadenlose Ehrlichkeit sich selbst gegenüber, permanente Reflexion und klare Grenzen setzen sind die Schlüssel. Doch um diese Schlüssel im Schloss auch umdrehen zu können, sind bestimmte Ressourcen absolut notwendig. Die Herausforderung ist, diese individuell zu entdecken, stetig weiter zu entwickeln, ins Leben zu integrieren, permanent zu stärken und anzupassen. Denn „immer, wenn du glaubst, du hast die Antwort, dann ändert das Leben die Frage".

Und genau JETZT war es soweit. Mein Entschluss stand fest: Ich werde ein Buch schreiben, in dem ich all meine Erlebnisse betrachte, um zu verstehen, was und vor allem warum ich das alles in meinem Leben erschaffen hatte. Jetzt war ich bereit schonungslos zu reflektieren. Ich wollte es besser machen. Und noch am gleichen Tag meldete ich mich für ein Fernstudium „Autobiographisches Schreiben" an. Danke auch an einen wundervollen Menschen, der mir diesbezüglich den letzten Impuls an die

Hand gegeben hat. Doch „Immer, wenn du glaubst, du hast die Antwort, dann ändert das Leben die Frage".

Kaum hatte ich diesen Entschluss gefasst, schlitterte ich auch schon in eine Geschichte hinein, in der ich das Gefühl hatte, eine große Prüfung vom Universum auferlegt zu bekommen. Nach dem Motto „Hat sie da auch verstanden, was sie vorgibt gelernt zu haben?". Die Prüfungsthemen waren echt hart und ich scheiterte kläglich an der Umsetzung. Allerdings mit einem Unterschied zu früheren Erfahrungen: Ich erlebte diese Prüfung klar und reflektiert und entschied die Richtung meiner einzelnen Schritte ganz bewusst. Leider viel zu häufig entgegengesetzt der Weisung meiner inneren Stimme. Ich nahm diese Stimme zwar wahr, redete mir aber häufig ein, es gehe auch anders. Über meine eigenen Rechtfertigungen muss ich heute noch schmunzeln. Immerhin waren es diese Erlebnisse wert, in den Hauptteil dieses Buches aufgenommen zu werden. Belustigend und selbstironisch erzählt, bilden sie einen wunderbaren Aufhänger für all meine Erkenntnisse, die ich in der Repeat-Taste des Universums an meine Leser weitergeben möchte.

Doch vorher hast du, lieber Leser, die Möglichkeit, mich näher kennenzulernen.

Im Interesse der besseren Lesbarkeit des Textes verzichte ich auf geschlechterspezifische Formulierungen. Die männliche Form verwende ich ausdrücklich als Sammelbezeichnung für Männlein und Weiblein. Auf all meinen Vorträgen betone ich immer „Ich bin eine von Euch, die sich einfach mal die Mühe gemacht hat, etwas aufzuschreiben, zusammenzufassen und darüber zu reden". Ich erlaube mir deswegen, meine Leser mit dem vertrauten DU anzusprechen.

Zweites Kapitel - DAS BIN ICH – Eine rasante Fahrt durch meine Vergangenheit

1) Ich bin anders – was ist eigentlich „Familie"?

Wenn ich über das Wort „Familie" nachdenke, oder wenn ich meine eigene Familie so von außen betrachte, dann fällt es mir echt schwer, diesem Wort eine Bedeutung oder gar ein Gefühl zu verleihen. Das mag jetzt für den einen oder anderen komisch klingen, aber was ist eigentlich ein Familiensystem und wer gehört in meinem Fall dazu? Wie sind die einzelnen Personen eigentlich miteinander verbunden? Innerlich und äußerlich. Was genau ist anders als die Beziehung zu meinen Freunden? Gibt es überhaupt einen Unterschied? Was spüre ich, wenn ich versuche Verbundenheit zu spüren?

Zu meiner Familie gehören natürlich meine Eltern. Das ist zum einen ganz klar eine biologische Tatsache, die durch meine Geburtsurkunde bezeugt ist. Zum anderen fühle ich mich mit meinen Eltern tatsächlich verbunden. Doch wie spüre ich diese Verbundenheit heute? Wie drückt sie sich aus? Wo spüre ich sie und was hat die Verbundenheit für Konsequenzen? Wieviel Raum nimmt sie ein und wo berührt sie die Grenzen meiner Selbstbestimmung? Welche Verantwortung trägt sie im Gepäck? Wie weit würde ich gehen, wenn meine individuellen Bedürfnisse und Interessen beeinträchtigt werden? Verbundenheit ist mehr als nur eine familiäre Verbindung.

Verbundenheit ist für mich ein sehr vertrautes Gefühl von Nähe, Liebe und Dankbarkeit und auch Sicherheit. Meine Eltern bieten mir einen permanenten Rückhalt, sind für mich da, helfen und versuchen mich zu verstehen. Sie hören mir immer zu, unterstützen mich wenn es nötig ist. Emotional und finanziell. Und sie bieten mir zuhause, einen Zufluchtsort - bedingungslos und jederzeit. Meine Eltern sind meine Familie. Ein kleines Dreieck, das über dieses von mir definierte Wertesystem wie eine Basis für mich ist.

Meine Großeltern, mütter- und väterlicherseits, sind leider schon verstorben. Zu meinen Tanten, Onkel, Cousinen und Cousins habe ich keine wirklich lebendige Beziehung mehr, nur noch eine familiäre Verbindung. Wir kennen uns, reden miteinander wenn wir uns sehen, aber wir pflegen keinen engeren Kontakt. Es gibt einfach wenig gemeinsame Interessen oder Lebensbereiche. Auch sind alle über ganz Deutschland verteilt, so dass es auch eine räumliche Distanz gibt. Rückblickend stehen allerdings alle ausnahmslos für eine wundervolle Bereicherung in meiner Kindheit. Jeder einzelne auf seine Weise.

Eine Verbundenheit zum großen System „Familie" kann ich nicht spüren. Freunde halten für mich, zusammen mit meinen Eltern, ein Netz der Liebe unter mir. Sie stehen gemeinsam an meiner Basis in der Mitte des Netzes und geben mir Stabilität und Erdung. Einige sind seit langer Zeit sehr in der Struktur verwoben, verschmelzen farblich mit meinem Netz und andere halten einfach einzelne Fäden mehr oder weniger fest. Das Netz läuft sehr weitmaschig nach außen hin aus und wird am Rande von weitläufigen Freunden, Bekannten und entfernteren Familienmitgliedern mitgetragen.

Ich stelle mir nun die Frage, welche Aufgabe ich in diesem System habe, das für mich in der Mitte sehr konzentriert und eng ist und nach außen nahezu unsichtbar getragen wird, fast schwebt. Ich bin in jedem Fall das Zentrum meines Systems. Und: ich bin anders. Das sehen viele Menschen in meinem Umfeld so. Und ich glaube, sie haben Recht. Warum? Es gibt da mehrere Punkte.

1. Ich habe keine eigene Familie gegründet.

2. Ich erscheine nicht an allen Geburtstagen zum Kaffee trinken, um mich immer mit den gleichen minderwertigen Kuchen vollzustopfen und lauwarmen Kaffee mit Dosenmilch aus viel zu kleinen Tassen zu trinken. Wo bleibt da der Genuss? Nein, nicht mit mir. Auch möchte ich mich nicht mit den langweiligen, belanglosen, oberflächlichen Themen der anderen auseinandersetzen. Ich sehe darin einfach null Komma null Bereicherung für mein Leben. Das ist pure Verschwendung meiner kostbaren Zeit.

3. Ich lade auch keine Familie zum Geburtstag ein, nur weil das immer so üblich war, weil „man das immer so gemacht hat", weil es von den anderen so erwartet wird. Üblicherweise gab es in meiner Kindheit auf solchen Festen dann abends noch Kartoffelsalat, Leberkäse und im Sommer Würstl und Steaks auf dem Grill. Was bitte soll ich da? Hat mal einer hinterfragt, warum das immer nach dem gleichem Schema abläuft?

4. Ich lasse mich auch nicht jeden Sonntag von Mamas Sonntagsbraten anlocken, oder beteilige mich an allen Mahlzeiten

im Haus meiner Eltern. Nein, wenn ich dort bin, gehe ich morgens joggen, schwimmen oder radeln und trinke nach der Dusche in Ruhe einen Kaffee aus der von mir gesponserten Kaffeepad-Maschine. Ich freue mich über lange Spaziergänge mit meinen Eltern und ein leckeres Abendessen beim Italiener. Mehr brauche ich nicht.

5. Auch mein Anspruch an Gespräche ist anders. Gespräche können so bereichernd sein, wenn du ehrlich nachfragst, empathisch und aufrichtig zuhörst. Gespräche können so bereichernd sein, so informativ. Voraussetzung ist, dass du etwas Spannendes erlebt hast. Und bei mir passiert immer wieder so viel Aufregendes. Es gibt immer etwas zu berichten. Und genau das ist der Knackpunkt, warum ich mich vom emotionslosen Einheitsbrei der anderen distanziere. Ich bin mit meinem ungewöhnlichen Leben permanent im Fokus des Alleinunterhalters, weil ich eben noch was zu erzählen habe. Mein Leben fließt, es entwickelt sich ständig neu, bleibt immer spannend, weil ich immer wieder meine Komfortzonen verlasse. Es ist was los. Von anderen höre ich immer nur „Ach, es gibt nichts Neues. Es ist alles so wie immer, ich mach halt so weiter wie immer, ...". Oh wie schrecklich ist das denn? Und wie anstrengend ist das erst für mich?

Somit lebt in mir definitiv keine Familientradition weiter, im Gegenteil. Ich habe das Gefühl, ich bin der Beginn einer neuen Tradition. Einer Tradition, die die Werte Selbstbestimmung, Freiheit und Wagemut in den Mittelpunkt rückt. Ich bin reflektiert, neugierig und risikobereit. Sicher nicht gesellschaftskonform angepasst. Kurz: Ich versuche den Weg meines Herzens zu gehen.

Und auf diesem Weg begleiten mich vor allem meine Freunde. Sie stehen in meinem Leben für meine persönliche Entwicklung. Und jeder trägt auf seine ganz persönliche Art und Weise dazu bei.

2) Meine Eltern - Schuld und Verpflichtung

An die genaue Ursache der Auseinandersetzung kann ich mich nicht mehr erinnern. Ich weiß nur, dass meine Mutter und ich wieder einmal heftige Meinungsverschiedenheiten austrugen. Vehement und laut. Wie immer. Der Streit gipfelte in diesen mir so verhassten Aussagen „Du kannst ja etwas freundlicher sein", „Was wir alles tun für Dich und wie dankst Du uns das?", „Wir tun alles für Dich und Du bist so launisch". Diese Sätze flogen mir immer am Höhepunkt unserer gegenseitigen Vorwürfe um die Ohren, immer dann, wenn es keine Argumente mehr gab. Und immer führten uns diese Diskussionen in eine Endlosschleife. Damals hatte ich von Marshall Rosenberg und seinem Thema „Gewaltfreie Kommunikation" noch nicht gehört. Doch dazu später mehr.

Irgendetwas war bei dieser Auseinandersetzung dieses Mal anders. Ich spürte irgendwie schon, dass heute alles eskalieren würde. Und das tat es: Meine Mutter rannte plötzlich heulend und schreiend aus der Küche in ihr Nähzimmer, nicht ohne mir vorher die Worte entgegenzuschleudern „Ich will Dich hier nicht wiedersehen, geh, hau ab!". Das war heftig. Das traf mich. Ich zitterte und wusste: wenn ich jetzt gehe, dann gibt es erst mal kein Zurück. Für einen Moment war ich ganz klar und versuchte die Konsequenzen dieser Entscheidung zu erfassen, die ich jetzt treffen musste. Ich spürte eine Traurigkeit tief in meinem Herzen und gleichzeitig abartige Wut und tiefe Frustration. Aber da war auch mein Stolz, der immer mehr versuchte die Oberhand zu gewinnen. Oder war es mein verletztes Ego? Meine Mutter hatte mich gerade von zuhause rausgeworfen. So empfand ich diese Situation, obwohl ich bereits seit 2 Jahren ausgezogen war.

Heute weiß ich, dass die Sprache der Seele sanft, mild und weich ist, während die Sprache des Egos verletzend, aggressiv und verurteilend ist. Und ich weiß auch, dass es unglaublich viel Energie und Kraft kostet, sich auf der Ebene des verletzten Egos aufzuhalten und auf dieser Ebene zu handeln.

Und während ich noch erstarrt in wütender Ohnmacht dastand, eilte ihr mein Vater hinterher und versuchte sie zu besänftigen. Bisher hatte er unseren Disput nur aus dem Wohnzimmer als Zuhörer verfolgt. Er redete auf sie ein, doch ich hörte immer nur ihre Schreie. Worte und Sätze, die mich ängstigten und gleichzeitig immer fassungsloser und wütender machten. Doch meine Wut veränderte sich von einer Sekunde auf die nächste in eine starke Entschlossenheit, die mir die Kraft gab, das Haus zu verlassen. Warum war es so weit gekommen? Was war passiert?

Ich kann mich noch an das lähmende Gefühl der Ungerechtigkeit, an die Wut und an die Enttäuschung erinnern, die ihre oberflächlichen Vorwürfe in mir auslösten. Ich wurde an die Wand gestellt, angeklagt wegen einem „allgemeinen" Verhalten, welches sie als unfreundlich und undankbar empfand. Ein Verhalten, dass ich rückwirkend nicht mehr verändern konnte und welches ich auch niemals in dieser Absicht an den Tag gelegt hatte.

Es war mir nicht bewusst und ich konnte nicht verstehen, welche Wirkung mein Verhalten auf meine Mutter hatte. Ich steckte blind in meiner eigenen Wahrheit, so wie sie in ihrer. Und jeder wollte diese mit aller Kraft nach außen hin verteidigen. Ich war in meinen Augen weder unfreundlich, noch undankbar. Ich war einfach genervt, weil meine eigenen Wege und Vorstellungen zur Erledigung diverser Thematiken und Tätigkeiten einfach nicht akzeptiert wurden. Alles was ich wollte war, meine eigenen Erfahrungen zu machen. Wofür sollte ich mich also entschuldigen, wenn keine konkreten Anlässe vorlagen, nur Lappalien?

Eigenwahrnehmung und Fremdwahrnehmung zu checken, beides gegenüberzustellen und sich darin zu reflektieren war für mein damaliges Bewusstsein eine unbekannte Technik. Du kannst auch nie einen anderen Menschen „verstehen". Du kannst nur einfühlsam versuchen, dich in die Lage des anderen hineinzuversetzen. Niemand ist in der Lage durch den Wahrnehmungsfilter eines anderen Menschen zu sehen, der geprägt ist durch seine eigenen Erfahrungen und sein Leben.

Die nächsten Tage vergingen ohne jeglichen Kontakt. Ich hielt mich trotzig an das ausgesprochene Verbot, allerdings in einem etwas eingeschränkten Rahmen. Ab und zu benutzte ich in Abwesenheit meiner Mutter die Waschmaschine. Ich hatte zu der Zeit keine eigene. Sollte sie nur spüren, was sie da angerichtet hatte. Ich empfand keine Schuld. Die Schuldige war in meinen Augen meine Mama.

Hin und wieder brachte mir mein Vater am Abend Orangen und Äpfel vorbei. Er tat das öfters. Es war ein wenig Zeit nur für uns beide, über die ich immer sehr dankbar war. Auf die Frage, ob sich meine Mutter wieder beruhigt hätte, kam nur ein hilfloses Achselzucken mit dem kleinlauten Hinweis, ich solle mich entschuldigen. „Ein Kind muss sich bei seinen Eltern für sein unangemessenes Verhalten entschuldigen". Ich traute meinen Ohren nicht und erinnerte ihn an die Situation. Für was sollte ich mich denn entschuldigen? Dafür, dass ich in ihren Augen ein unfreundlicher und undankbarer Mensch bin?

Ich legte damals alle Hoffnungen auf meinen Vater und bat ihn, die Vermittlerrolle zu übernehmen. Die Worte meiner Mutter waren es, die mich verletzt und ausgesperrt hatten. Warum sah sie das nicht ein? Die Entschuldigung erwartete ich von ihr. Mein Vater sah die Situation zwar wie ich, begriff aber nicht, dass ich in diesem Fall nicht über meinen Schatten springen und auf gar keinen Fall zuhause auftauchen wollte. Mit dem Rausschmiss und den verletzenden Worten hatte meine Mutter eindeutig eine Grenze überschritten.

Wenn sich die Situation wieder entspannen sollte, dann war er in meinen Augen derjenige, der sich für die Wiederherstellung unseres familiären Friedens einsetzen konnte. So sah ich das. Wenn ich jemals wieder einen Fuß über die Schwelle meines Elternhauses setzen sollte, dann erst, nachdem sich meine Mutter bei mir entschuldigte. Mit dieser Botschaft im Gepäck verließ mein Vater dann mehrmals recht hilflos meine Wohnung.

Zu der Zeit war mir nicht klar, dass es keine Schuld gibt, sondern jeder seinen Teil zu einer Situation beiträgt. Jeder gibt zu jedem Zeitpunkt sein Bestes. Sein Bestes aus seiner Sicht, durch den

Filter seiner Wahrnehmung, der geprägt ist von Erziehung, Erlebnissen und Erfahrungen. Jeder erschafft sich selbst seine Realität, für die er auch selbst verantwortlich ist und die Konsequenzen zu tragen hat. Somit ist jede Sichtweise eine eigene kleine Wahrheit, die es gilt zu akzeptieren. Ein Berg sieht nun mal von Osten aus betrachtet anders aus, als von der Südseite her. Und „Wut ist nur eine emotionale Reaktion auf etwas im Außen".

Jemandem Schuld geben ist immer auch ein Urteil über einen selbst. Somit schaust du nicht hin, wo deine eigenen Fehler liegen. Es ist immer bequemer und leichter, wenn der andere etwas ändern muss. Leider bleibst du mit dieser Haltung geistig „am Tatort hängen", es kann keine Entwicklung mehr geschehen. „Vergebung heißt in der Tiefe zu verstehen, dass es nichts zu vergeben gibt" (Veit Lindau).

Dieser Hilflosigkeit, die mein Vater da ausstrahlte, lag für mich eindeutig mangelndes Durchsetzungsvermögen zugrunde. Es zeigte sich für mich immer deutlicher, dass meine Mutter in dieser Ehe das Sagen hatte. Mein Vater war permanent der, der nachgab. Er war der schwache Part, somit konnte er meine Mutter sicher niemals überzeugen. Und genauso war es. Mein Vater verharrte zwischen den Fronten. Verzweifelt, hilflos und nicht in der Lage, diese für alle Beteiligten belastende Situation positiv zu verändern. Ich war enttäuscht und das Bild meines liebevollen und starken Vaters geriet mehr und mehr in eine Schieflage. Er war für mich keine Autoritätsperson, kein Vorbild mehr. Das wurde mir durch diesen Vorfall erstmalig bewusst. Eine krasse Erkenntnis. Nein, er war für mich wirklich noch nie ein Vorbild, niemand, den ich um Rat fragen konnte. Er war selten in der Lage meine neugierigen Fragen als Kind zu beantworten, sich meinen provokanten Argumentationen als Jugendliche zu stellen, oder sich an tiefergehenden Diskussionen zu beteiligen. Eine fundierte eigene Meinung, die er klar mit Argumenten vertreten konnte, hatte er noch nie. Er stand und steht noch heute im Schatten meiner Mutter.

Das aber ist eine Entscheidung, die diese beiden Menschen, oder besser noch ihre Seelen getroffen haben. Es ist deren Lebensplan und deren Lebensaufgabe, diesen zu leben. Ich darf hier niemals eingreifen. Das weiß ich heute. ABGRENZUNG ist das Zauberwort, welches mich permanent im Zusammensein mit meinen Eltern begleitet und immer wieder in unterschiedlichen Varianten als Lernaufgabe auftaucht.

Heute weiß ich warum ich mir - von Kindesbeinen an - stets die lebenserfahrenen, klugen, männlichen Vorbilder gesucht habe. Was mir mein Vater nie hat geben können, musste woanders gesucht werden. Beziehungen zu diesen Männern konnte ich nie eingehen. Dafür empfand ich mich immer zu klein und zu unbedeutend. Aber das ist wieder ein anderes Muster und somit ein anderes Thema.

Hier ist allerdings noch zu erwähnen, dass ich, ausgestattet mit den Eigenschaften meiner Mutter, nämlich Kontrolle, Stärke und Perfektionismus, die ich ja ebenfalls ablehnte, und diesem beschriebenen Vaterbild, Partner in mein Leben gezogen habe, die alles für mich tun wollten. Solche, die sich meiner Stärke unterordnen wollten, die mich bewundert haben.

Mein unbewusster Wiederstand gegen das Lebensmodell meiner Eltern hat erst recht genau diese Situationen und Partner angezogen. In den Büchern „Transsurfing" von Vadim Zeland habe ich viel über „Energie folgt der Aufmerksamkeit" und „Nähren von destruktiven Pendeln" gelesen und gelernt. Durch meinen starren Fokus auf das, was ich NICHT wollte, wurden mir erst recht genau diese Themen serviert.

Doch zurück zur Geschichte. Diese für alle Beteiligten unangenehme und verfahrene Situation hat sich irgendwann von selbst bereinigt. Alle haben sich erfolgreich in Verdrängung geübt. Genau bis zu dem Moment, als meine Mutter und ich am Sterbebett meines Opas zusammentrafen. Ich erkannte in diesem Moment die Sinnlosigkeit dieser Streitereien und empfand nur noch Dankbarkeit, dass ich meine Eltern noch hatte. So schwierig der Umgang miteinander auch war. Die Kostbarkeit der Zeit wurde mir durch dieses Zusammentreffen bewusst. Ich konnte Frieden schließen mit meinem Ego, meinem verletzten Stolz und umarmte meine Mutter, nachdem mein Opa friedlich eingeschlafen war.

Gesprochen über diese Ereignisse haben wir bis heute nie. Es würde keinem einen Vorteil bringen. Es sollten alle bereit sein zu reflektieren und zu verzeihen. Es ist aber nicht jeder in der Lage dazu und das ist auch okay so. Vergebung in die Situation zu geben, ist das, was ich tun kann und getan habe.

Im Verhältnis zu meiner Mutter war diese Erfahrung für mich ein Schlüsselerlebnis. Seitdem ich weiß, dass Diskussionen mit ihr immer irgendwann zum „Ja, aber..." führen, lasse ich ihre Meinung einfach so im Raum stehen. Ich muss nicht immer einverstanden sein, überzeugt sein oder überzeugt werden. Ich muss auch keine gut gemeinten Ratschläge annehmen. Sie hat ihre Meinung, ich meine, und beide dürfen nebeneinander bestehen. Ich muss mich für meine Ansichten weder rechtfertigen, erklären, noch versuchen sie zu überzeugen. Für mich ist diese Haltung wesentlich energiesparender. Für meine Mutter leider nicht so einfach zu akzeptieren. Ich entziehe ihr die Angriffsfläche, was sie oft wütend macht. Aber das ist ihr Thema, nicht mehr meins.

3) Mein Papa und der Wassereimer im Auto

Meine Geschichte geht weit in meine Kindheit zurück. Ich war so ungefähr 8 Jahre alt, also Anfang der dritten Klasse. Erinnern kann ich mich sehr genau, weil mein Vater diese Geschichte selbst schon sehr oft erzählt hat und ich live dabei war. Er konnte schon immer über sich lachen und es stört ihn auch heute nicht im Geringsten, wenn andere sich über einen Fauxpas von ihm amüsieren. Meinerseits schwingt bei der folgenden Geschichte auch Schadenfreude mit, so ganz nach dem Sprichwort: „Das Meer noch niemals größer ward, weil eine Gans das Wasser spart".

Jeden Samstagnachmittag gab sich mein Vater seinem „Spielzeug", seinem Fahrzeug, hin. In meinen Augen auch seiner Lieblingsbeschäftigung, nämlich der Pflege seines Heiligtums. Zu der Zeit war das ein roter Audi 80. Mit vier Türen und mit Schiebedach. Diese Form der Frischluftzufuhr war ihm schon immer enorm wichtig - bis heute. Bemerkungen wie „ein Auto mit Schiebedach ist ein Cabrio für arme", stören ihn nicht. Mein Vater ist diesbezüglich nicht sehr feinfühlig. Er hat seine eigenen Werte, die im Umgang mit seinem Spielzeug, dem Auto, so amüsant hervorstechen und die sich so prägnant im Umgang mit seinem Auto ausdrücken. Diese Werte bilden nun den Rahmen meiner Geschichte über ihn.

Mein Vater ist akribisch genau, absolut perfektionistisch und fehlerfrei in dem, was er tut. Eine detaillierte Planung und dann die sofortige exakte Durchführung des oft schriftlich ausgearbeiteten Vorhabens zeichnen ihn aus. Zeitliche oder thematische Abweichungen, flexible Änderungen oder situationsbedingte Anpassungen bereiten ihm Stress. Geradlinigkeit und Routine beruhigen ihn.

In seiner Arbeitshose, einer alten blauen Jeans, die für Haus-, Garten- und Auto-Arbeit noch gut geeignet war, einem braun-weiß-karierten Hemd und den alten, ausgelatschten Gartenschuhen zelebrierte er also fröhlich und gut gelaunt sein Samstagnachmittag-Ritual. Das Auto wurde wie immer per Hand gewaschen und im Anschluss mit aller Kraft poliert. Kein Fleckchen Lack ließ er dabei aus. Die Fußböden, die Sitze und der Kofferraum wurden mit unserem ausrangierten Staubsauger ent-steint und ent-krümelt und die Fensterscheiben beidseitig mit dem Fensterleder meditativ bearbeitet. „Nur nicht mit fettigen Fingern an die Scheibe fassen". Diese Ermahnung hörten meine Freundinnen und ich sehr häufig. Das ging gar nicht. Auf den Fußmatten tummelte sich kein einziger Krümel. Laub, Schmutz und kleine Steinchen wurden nach jeder Fahrt augenblicklich restlos entfernt. „Bitte Schuhe abputzen", bzw. im Winter „Schneematsch abklopfen" - ein bedeutungsvoller und obligatorischer Satz - jedes Mal beim Einsteigen.

Akribisch entfernte er mit dem kratzigen, gelben Fliegenschwamm jeden Rest der Fliegen, die den unausweichlichen Tod an der Windschutzscheibe des Autos gestorben waren, und polierte die Scheiben so lange, bis sie durch die gnadenlose Zensur der Sonne absolut streifenfrei waren.

Nach vollendetem Werk gönnte sich der Auto-Liebhaber auch hin und wieder die Zigarre danach. Im klappbaren Gartenstuhl mit den Aluminium-Bügeln und den Flowerpower-Bezügen der 80er Jahre betrachtete er stolz und zufrieden seine perfekt vollendete Leistung. Oft gesellte sich dann noch der Nachbar hinzu, der ein ähnliches Ritual hinter sich hatte. Das gemeinsame Bier zur Zigarre krönte die beiden Männer als Helden des Samstagnachmittags.

Kurzum, die wöchentliche Autowäsche war also zu der Zeit ein festes Ritual. Wir fuhren, ich immer dabei, zuerst an die Tankstelle. Natürlich zu Aral. Diese und keine andere Marke. Einen Grund kann er mir bis heute nicht nennen.

Dann nicht etwa mit dem Auto durch die Waschstraße. Nein, das gäbe ja vielleicht Kratzer im Lack. Handwäsche war angesagt. Im Sommer wie im Winter. Das Fahrzeug wurde zuerst vollgetankt, der Reifendruck gemessen und dann mit einem dicken Schwamm per Hand schamponiert und kurz abgespritzt. Scheinwerfer und Stoßstangen wurden zusätzlich mit dem gelben, kratzigen Fliegenschwamm abgeschrubbt. Zu guter Letzt wurde der rosafarbene Wascheimer zu Dreiviertel mit Wasser gefüllt, im

Fußraum des Beifahrersitzes abgestellt und vorsichtig die kurze Strecke von der Tankstelle bergauf zu unserem Haus chauffiert. Das Wasser diente der Nacharbeitung des Waschvorgangs, also der restlosen Reinigung der Felgen, des festsitzenden Drecks in Zwischenräumen und zu der Reinigung der Fensterscheiben. Im heimischen Hof angekommen wurden dann die Ärmel ein zweites Mal hochgekrempelt und das Ritual Autopflege in aller Ruhe zur Vollendung gebracht.

Die Füllhöhe des Wasserstandes im Eimer war natürlich auch akribisch bemessen. Sparsam was das Wasser betrifft und auch hier perfekt in der Berechnung, wie sich das Wasser im Eimer bei 7% Steigung und sanftem Bremsverhalten an zwei zu passierenden Straßenkreuzungen verhalten würde.

Doch dann ereignete sich etwas, womit er nicht gerechnet hatte. An der zweiten Straßenkreuzung mit Stoppschild hielt er ordnungsgemäß an, vergewisserte sich die Fahrt fortsetzen zu können, löste die Handbremse, ließ langsam die Kupplung kommen und setzte dann vorsichtig die Fahrt fort, den Wassereimer immer im rechten Augenwinkel. Leider hatte er nicht mit der überhöhten Geschwindigkeit eines von links heranfahrenden weißen Mercedes gerechnet. Es folgte eine Vollbremsung.

Mehr muss ich dazu wohl nicht erzählen. Das Wasser ergoss sich über den Fußraum. Komplett. Der Eimer war leer. Oh, oh, ... Schimpfworte folgten, die ich aus dem Mund meines Vaters noch nie gehört hatte. Ich saß erschrocken, schweigend, und im ersten Moment ergriffen, auf dem Rücksitz. Dann begann sich die Schadenfreude in mir auszubreiten und ich musste mir das Lachen verkneifen. Mein Vater lachte zu dem Zeitpunkt noch nicht. Erst als er den ersten Schock überwunden hatte und kein größerer Schaden am Auto feststellbar war, konnte er seiner Erleichterung Raum geben.

Heute lacht auch er über den Vorfall. Wasser hat er seitdem nie mehr offen im Auto transportiert.

4) Meine Kindheit - Tränen in der Turnhalle und die Radwende zu mir SELBST

Meine Kindheit war geprägt von zwei großen Bereichen, in denen ich mich mehr und weniger freiwillig wiedergefunden habe. Der unfreiwillige Teil war das Turnen, der freiwillige die regelmäßigen Besuche bei meiner Oma, mit dem Highlight des abendlichen Kuhstall-Rituals. Das mag jetzt lustig klingen, aber diese konträren Erfahrungen ziehen sich wie ein roter Faden durch mein Leben. Sie stehen in der Tat in einem Zusammenhang von grundlegender Bedeutung, und sind elementar für meine Reflexion, meine Erkenntnisse und mein Verständnis, warum vieles so ist, wie es ist.

Dir, lieber Leser, möchte ich damit zeigen, dass es durchaus sinnvoll ist, dein Leben rechtzeitig mit einem erfahrenen Coach zu betrachten. Du kannst dir dadurch viele schmerzhafte Erfahrungen sparen, indem du schon vorher bewusst verstehst, in welches Chaos du gerade wieder hineinsteuerst.

Mein Papa war Turner. So richtig klassisch, in engen weißen Turnhosen und Hemdchen. Du kennst sicher die Bilder aus alten Zeiten im Zusammenhang mit Turnvater Jahn. Die flotten Jungs mit den muskulären Oberkörpern stehen stolz nebeneinander und warten auf die Siegerehrung, die Hände auf dem Rücken. Oder sie turnen an den Ringen, am Seitpferd, drehen Riesenfelgen am Reck, in einer atemberaubenden Geschwindigkeit, bei dem einem schon beim Zuschauen übel wird.

Somit war klar, dass auch ich, nach dem zu der Zeit obligatorischen Mutter-Kind-Turnen, weiterhin bei dieser Sportart bleiben würde. Talent hatte ich nicht wirklich, aber es reichte, um zweitklassig mit den Besten zu trainieren.

Mein Ehrgeiz war bereits als Kind sehr stark ausgeprägt, aber ohne Talent verhalf mir auch mein überdurchschnittlicher Fleiß nicht zu Bestleistungen. Für mich war es damals schon schwer auszuhalten, dass ich trotz aller Anstrengung, trotz aller Verbissenheit, trotz meinem extremen Ehrgeiz selten gelobt, aber immer wieder getadelt und verbessert wurde. Ich war einfach nie gut genug. Ich schaffte einfach keine Kippe am Stufenbarren und Flickflack am Boden war nicht möglich, weil ich immer unkontrolliert gesprungen war. Es war ein permanenter Kampf um Leistung, Anerkennung und „Gesehen-werden".

Ich war enttäuscht von mir selbst, und umso mehr man auf mir herumhackte, mich verbesserte und versuchte, mich zu trösten, umso wütender wurde ich auf mich selbst. Es war schlimm diesen Zustand des „ich bin einfach nicht gut genug" zu ertragen. Ein Nährboden für Wut und Tränen. Immer wieder. Oft weinte ich abends nach dem Training unter der Dusche. Unser damaliger Trainer, ein sehr strenger und ebenfalls ehrgeiziger Turnfreund meines Vaters, hatte kein Nachsehen. Keine Leistung, kein

Lob! Wie sehr hätte ich mir damals etwas Anerkennung meines unermüdlichen Willens, meines Fleißes gewünscht, auch wenn es eben nicht zu Bestleistungen reichte.

In der Zeit sind zwei Glaubensätze in mein System gepflanzt worden: „Ich bin nicht gut genug" und „Ich werde nur anerkannt, wenn ich Leistung bringe". Auch das „Nicht gesehen werden" war damals schon ein zentrales Thema für mich und begleitet mich noch heute. Ein roter Faden, der sich durch mein ganzes Leben zieht?

Als Kind war ich extrem schüchtern und zurückhaltend. Allerdings nur anderen gegenüber. Auch das war ein Resultat meiner Erziehung. Nur nicht auffallen, nie als erster „hier" rufen, immer erst mal abwarten, was die anderen tun, sich anpassen, nicht aus der Reihe tanzen und vor allem nicht widersprechen. Ich habe gelernt, meine Bedürfnisse ganz nach hinten zu stellen, mich an den anderen zu orientieren. Das war für meine Neugier, aber auch für meinen Dickkopf und meinen Starrsinn eine permanente Herausforderung. Nicht selten gab es vor allem mit meiner Mutter heftige Streitgespräche, die in gegenseitigem Anschreien und abschließendem Türenzuknallen gipfelten. Ich wusste, meine Wut konnte ich in solchen Situationen am effektivsten mit mir selbst ausleben und mich dann auch wieder beruhigen. Regeneration durch Alleinsein. Mich und meine Sichtweise anerkennen, so stehen lassen. Ebenso die meiner Mutter. Nachrennen und weiter schimpfen machte alles nur noch schlimmer. Eltern haben einfach immer Recht und Kinder sollten sich der Meinung der Eltern fügen. Es wäre so einfach gewesen, aber folgendes Gedicht von Fritz Perls war mir in der Zeit leider nicht bekannt.

Ein Brief an die Selbstliebe

Ich bin ich und Du bist Du.
Ich bin nicht auf dieser Welt, um Deine Erwartungen zu erfüllen.
Du bist nicht auf dieser Welt, um meine zu erfüllen.
Du bist Du und Ich bin Ich.
Wenn wir uns in irgendeinem Moment oder irgendeinem Punkt treffen,
wird es wunderbar sein.
Wenn nicht, kann es nicht verhindert werden.
Mir fehlt es an Liebe mir selbst gegenüber, wenn ich mich in dem Ver-
such, Dir zu gefallen, betrüge.
Mir fehlt es an Liebe für Dich, wenn ich versuche zu erreichen, dass Du
wirst, wie ich es will, anstatt dich so zu akzeptieren, wie Du wirklich
bist.
Du bist Du und Ich bin Ich.

Ich bin mir sicher, dass diese Erlebnisse die Entwicklung eines gesunden Selbstwertgefühls und eines daraus resultierenden Selbstvertrauens maßgeblich beeinflusst haben. Ich hatte Angst anzuecken, etwas Komisches zu sagen, ausgelacht zu werden. Ich war enorm unsicher im Verhalten zu anderen. Das „Nicht-gesehen-werden" war nur ein Resultat aus dieser Zurückhaltung. Dennoch gehörte ich dazu, war kein Außenseiter, aber eben auch nicht mehr.

Aber ich wollte mehr, wollte endlich gesehen, wahrgenommen und ernst genommen werden. Also nahm ich eines Tages meinen ganzen Mut zusammen und sprach zwei von den großen Mädels von der „Top Truppe" an. „Hey, könnt ihr mal bitte meine Radwende vom Schwebebalken angucken. Was mach ich falsch, dass ich immer schief lande?". Ich kann mich nicht mehr an ihre Ratschläge erinnern, nur, dass mir das Blut ins Gesicht schoss und ich Radwende bis zum Umfallen übte. Ich hatte es geschafft auf mich aufmerksam zu machen. Ich hatte meine Angst überwunden, war aus meiner Komfortzone herausgetreten. Ich hatte um Rat gefragt. Und: Ich wurde gesehen, angesehen. Ich erhielt sogar richtig gute Hinweise und Korrekturen. Es war überhaupt nicht schlimm. Ich fühlte mich erschöpft und gleichzeitig total stark. Aber ich war von Stolz erfüllt.

Das also war mein Schlüsselerlebnis. Ab diesem Zeitpunkt konnte ich leichter auf andere zugehen. Es machte mir sogar immer mehr Freude, über meinen Schatten zu springen, meine Unsicherheiten zu überwinden. Irgendwie erfüllten mich dieses Vorgehen und die durchaus positiven Reaktionen der anderen mit Stolz. Ich wurde immer mutiger, vertraute mir immer stärker und wuchs so auch in meiner Persönlichkeit. Ich konnte seitdem durchaus meine Meinungen und Ansichten vertreten. Es passierte nichts Schlimmes. Im Gegenteil. Ich wurde wahr- und sogar ernst genommen.

5) Meine beiden Jobs – ein aufregendes Leben in zwei konträren Welten

„Sandra, warum machst Du denn so viel nebenbei? Muss das sein? Achte auf Dich…" Wie mich diese Frage über Jahre hinweg genervt hat und es leider immer noch tut. Wenn ich schreibe „genervt", ist das eigentlich viel zu milde ausgedrückt. Diese Frage triggert meine gut versteckten und an manchen Stellen wohl

nicht intensiv genug ausgelebten Potentiale von angestauter Wut und Aggressivität und befördert diese pfeilschnell an die Oberfläche. Geballte Emotionen ergießen sich bei dieser Frage wasserfallartig in einem Wortschwall an Erklärungen und Rechtfertigungen über den erschrockenen Fragenden. Diese an und für sich harmlose Frage, die mir meist aus echter Besorgnis wegen meiner überdurchschnittlich vielen Aktivitäten gestellt wird, setzt meinen Körper jedes Mal erneut unter Starkstrom. Ich fühle mich wie der Sekt in einer dieser dunkelgrünen Sektflaschen, deren Korken soeben aus dem Flaschenhals gezogen wurde. Der Fragende ist diesem sprudelnden Erguss meiner Emotionen hilflos ausgeliefert. Manche versuchen dann, ihre Frage zurückzuziehen, mich zu beschwichtigen, andere suchen irritiert das Weite, verbunden mit einem radikalen Themenwechsel. Auf so einen Ausbruch der Gefühle sind die meisten nicht vorbereitet.

Hey, warum können diese Menschen denn nicht verstehen, warum ich diese zusätzlichen Aktivitäten über all die Jahre hinweg brauchte und immer noch brauche? Haben die noch nie etwas von Passion gehört, oder von purer Leidenschaft? Haben sie nie ein brennendes inneres Feuer für eine Sache verspürt?

Hey, ich kann doch nicht nur in die langweilige Arbeit gehen und das, was mein Herz wirklich will, aus Zeitmangel verdrängen! Ich verteidige und rechtfertige mich, versuche mich zu erklären und das mit immer schärferen und aggressiveren Worten. Das ist ganz schön anstrengend, über viele Jahre hinweg.

Hey, soll ich wirklich bis an mein Lebensende nur den meist wenig herausfordernden Arbeitstag rumbringen, täglich drei Stunden als Pendler auf Bahnhöfen und in Zügen vertrödeln, zuhause für Ordnung sorgen, putzen, waschen, Essen kochen und mir am Sonntagabend beim Tatort die Augen zuhalten, weil ich die Spannung nicht ertrage, die mir in meinem eigenen Leben fehlt? Nein! Niemals!

Hey, ich liebe meine Kurse, meine Aus- und Fortbildungen und alle damit verbundenen und selbst gewählten Herausforderungen und Ziele. Ich genieße den Erfolg, die Anerkennung, die Spannung, den Reiz des Neuen, das sich-Ausprobieren und vor allem die körperliche Bewegung. Und ich wertschätze das wundervolle Gefühl vor Menschen zu stehen und mit ihnen meine Erfahrungen und Erkenntnisse teilen zu können. Ich empfinde eine intensive Erfüllung darin, mein Wissen zu vermitteln und zu erleben, wie der Funke überspringt. Ich bin überwältigt, wie viel Begeisterung und Motivation ich erzeugen und übermitteln kann. Ich erlebe Freude, Spaß und Motivation - bei mir und meinen Teilnehmern.

Hey, wenn ihr mir sagt, ich soll „auf mich achten", dann meint ihr immer, dass ich das, was mir von Herzen Spaß macht, total runterfahren soll. Was bleibt mir dann noch vom Leben außer einem langweiligen Alltag, in dem ich emotional abstumpfe, weil ich keine echten Herausforderungen mehr erlebe?

Den Bank-Job zu reduzieren erfordert erst einmal ein gutes Konzept für eine Alternative, die dann zeitnah an den Endverbraucher gebracht werden müsste und woraus möglichst schnell genug Geld auf mein Konto fließen sollte. Hierfür fehlt mir die zündende Idee, die Zeit, mich intensiv mit einer konsequenten

Ausarbeitung eines Konzepts auseinanderzusetzen und vor allem das Vertrauen in eine erfolgreiche Umsetzung. Es kam und kommt für mich nicht in Frage, zu kündigen. Nicht bei dieser mittlerweile achtundzwanzigjährigen Betriebszugehörigkeit. Eine neue Chance muss nebenbei organisiert werden. Das war immer meine Überzeugung, die ich vehement nach außen verteidige. Zum „Feigling in mir" möchte ich mich nicht bekennen.

Die Wurzeln zu meiner Situation und meinem Verhalten liegen noch viel, viel tiefer. Um das zu verstehen, was ich selbst gerade realisiere, darf ich dich erneut auf eine Reise in meine Vergangenheit einladen. Ich versuche dir kurz die notwendigen Puzzleteile zu einem Bild zusammenzusetzen, anhand dessen du vielleicht ein wenig in meine Rolle in diesem Kampf hineinschlüpfen kannst.

Also, worum geht es?

Du musst wissen, dass ich ein 1972er Einzelkind bin. Kein verwöhntes Einzelkind, sondern eher zur Selbständigkeit, aber nicht mit Selbstbewusstsein erzogen. Bestens umsorgt und behütet erlebte ich ein strenges und normenkonformes Elternhaus. Nur nicht unnötig auffallen, immer mit dem Strom schwimmen, den anderen den Vortritt lassen.

Ich habe auch gelernt, dass man sich im Leben schon mal anstrengen muss, um etwas zu erreichen. Oder auch mal Dinge tun muss, die einem nicht so gefallen. Warum? Weil - so meinten meine Eltern - „es so besser ist, weil man damit weiterkommt, weil man eventuell Grundlagen legt, die später mal wichtig sein könnten". In dieses Bewusstsein reihte sich auch die Banklehre ein, die absolut nicht zu meinen Interessen passte, aber genau diesen allgemeinen Kriterien entsprach. „Diese Ausbildung bildet eine fundamentale Grundlage für Dein weiteres berufliches Leben". Juchhu, woher wussten meine Eltern das? Ich hasse Mathematik, ich interessiere mich null für wirtschaftliche Zusammenhänge, und eine Bilanz ist für mich bis heute ein Buch mit sieben Siegeln. Aber ich war gehorsam und tat, was meine Eltern für richtig hielten. Irgendwie schaffte ich die Prüfung zur Bankkauffrau, wurde nach der Lehre übernommen und konnte mich im Schalterbereich ganz gut behaupten. Nach fünf Jahren bot sich mir die einmalige Chance, über eine Delegation nach München zu gehen. Endlich weg aus meinem langweiligen, vorbestimmten Leben.

Mehrere glückliche Zufälle in der Bank ermöglichten mir schon bald in die Sekretariats-Laufbahn zu wechseln. Das war schon eher mein Ding. In diesem Job waren mein Organisationstalent und meine soziale Ader wesentlich stärker gefragt und von Vorteil. Weg von irgendwelchen mühsamen Kreditgesprächen, weg vom Handel mit Wertpapieren, von denen ich keine Ahnung hatte, und weg vom Abschluss von Bausparverträgen und Versicherungen mit klaren Zielvorgaben.

Parallel zu meiner „Karriere" in der Bank fing ich Feuer im Bereich des Gesundheitssports. Seit 1998 absolvierte ich zahlreiche Ausbildungen und konnte alles erworbene Wissen und all meine Erkenntnisse stetig und erfolgreich in Form von Kursen und Workshops in der Praxis umsetzen. Rückblickend habe ich über diese Schiene nicht nur ein gesundes Selbstbewusstsein entwickelt und gefestigt, sondern auch meine Passion, meine Erfüllung gefunden. Allerdings zeigte mir mein Körper sehr häufig Grenzen der Überlastung, die ich aber immer ignorierte und wegredete, wegverteidigte. Ich entwickelte eine enorme Energie, um in diesem Lehr- und Ausbildungsbereich erfolgreich zu sein und führe nun seit über zwanzig Jahren ein sehr kräftezehrendes, berufliches Doppelleben. Jede Minute PC-Arbeit zur Erstellung meiner einzigartigen bunten Präsentationen, jedes ausdauernde Einüben neuer Flows, jede aufwendige Vorbereitung auf Prüfungen und Lehrproben, jede „Verschwendung" von Urlaub für eine weitere Fortbildung erfüllt mich im Herzen und ist sinnvoll investiert. Ich reise quer durch die Republik, sogar in die Schweiz, nur um eine weitere interessante Fortbildung miterleben zu können. Ich liebe diese Welt der körperlichen Erfahrungen, die mittlerweile auch mit psychischen und spirituellen Elementen vernetzt ist. Hierzu zählen Yoga, Meditations- und Achtsamkeitskurse, Mantra Singen und Klangschalen, schamanische Arbeit, Coaching und diverse therapeutische Erfahrungen.

Leider wurde ich davon bis heute nicht reich. Es stand und steht bis heute einfach nie genug Zeit zur Verfügung, um dieses Standbein, trotz Anerkennung und Erfolg, weiter auszubauen.

Warum ist das so? Weil ich mich bisher nie getraut habe meine finanzielle Komfortzone zu verlassen. Die Komfortzone, die daraus besteht, dass mein Arbeitgeber mir jeden Monat ein passables Einkommen auf mein Konto einzahlt und somit alle meine Fixkosten deckt. Fragst du dich nun „Halbtagsjob – wo ist das Problem?" Ganz einfach: Ich kann nur Assistenz. Nur den Führungskräften ganz oben in der Liga steht eine Assistenz zu, und diese Funktion ist ein Fulltime-Job, der zudem vom Aussterben bedroht ist. Nicht zu vergessen ist mein Arbeitsweg von täglich drei Stunden.

Meine Einschätzung keine Chance zu haben, von heute auf morgen in einem Bereich Fuß zu fassen, in dem sich bereits sehr viele ausgezeichnete, studierte und therapeutisch tätige Personal-Trainer tummeln, macht es mir nicht leichter. Vor allem fehlt mir die zündende Idee, um ein Alleinstellungsmerkmal meiner Arbeit zu kreieren.

Ich gebe nicht zwanzig Kurse in einer Woche, gebe mich mit einem Mini-Honorar zufrieden und gebe all meine schöpferische, inspirierende und motivierende Energie in stundenlange Vorbereitungen für Fortbildungen, um damit gerade mal annähernd mein Existenzminimum zu sichern! Diese Art des Gebens fordert einen extremen körperlichen, zeitlichen und psychischen Einsatz, der auf längere Zeit nicht durchzuhalten ist. Ich habe das ein Jahr lang durchgezogen, getestet und festgestellt, dass dieses Unterfangen kein Dauerzustand sein kann. Kannst du dir vorstellen, wie anstrengend es ist, vor einer inhomogenen Gruppe zu stehen, Interessierte ebenso wie Kritiker bei Laune zu halten und Langeweiler zu bespaßen, egal wie es mir selbst gerade so geht? Und das 15 bis 20 Stunden in der Woche? Hey, das kostet abartig viel Kraft. Geben, Geben und nochmals Geben. Es ist ein ständiges Leeren des täglichen Energievorrats. Und zum Auffüllen bleibt wenig Zeit. So wollte ich das also auch nicht. Aber wie dann?

Ohne einem Partner an meiner Seite, der mich mal so nebenbei einige Monate mitträgt oder Jahre finanziell überbrückt, oder einer großzügigen Abfindung, oder einem sechsstelligen Lottogewinn, sehe ich bis jetzt keine Chance aus der finanziell gesicherten Bankwelt auszusteigen.

Ich frage mich, ob du dir meinen Frust vorstellen kannst, der sich über die Jahre in mir ausgebreitet hat. Da lodert eine brennende Leidenschaft in mir, für die ich anerkannt und geliebt werde und die ich in Form von Kursen und Workshops erfolgreich vermittle und stetig in dieser Aufgabe wachse. Immer wieder muss ich Angebote ablehnen, weil der Tag einfach nur vierundzwanzig Stunden hat, die Woche nur sieben Tage, und finanziell einfach wenig dabei hängen bleibt.

In mir arbeitet ein weiterer ängstlicher Hinweis meiner Mutter: „Sandra, nur kein Risiko eingehen, in der Bank hast Du einen sicheren Job". Das stimmt, vor allem jetzt nach 28 Jahren. „Da geht man nicht einfach so und schießt für eine unbekannte Zukunft jede Absicherung in den Wind". Stimmt! Mein Einkommen zahlt immer noch die Bank und die Einnahmen der Kurse gehen für die Ausgaben der Fortbildungen drauf. Sekretärin bleibt Sekretärin! Die oberste Stufe der Karriereleiter hatte ich mit der Stelle als Assistenz des Bereichsvorstandes erklommen. Keinen Cent mehr Gehalt, aber das Dreifache an Arbeit und Verantwortung.

Mit der Bewerbung auf diesen Knochen-Job wollte ich es noch einmal wissen. Ich hatte wirklich ein Jahr lang alle anderen Aktivitäten komplett gestrichen. Wirklich alle. Es war ein Versuch, nun auf diese Weise glücklich, zufrieden, und vor allem erfüllt zu werden. Ich habe somit jede Variante, jeden Kompromiss dieser beiden Welten mit absoluter Überzeugung und vollem Einsatz getestet.

Dieser letzte Versuch hat sich leider nicht als das Gelbe vom Ei präsentiert. Es folgte der Knock-Out für meinen Körper und für meine Psyche. Diagnose Burnout. Alle meine Systeme wurden für mich spürbar, und nach außen hin sichtbar, stückchenweise heruntergefahren. Jede Phase durchlebte ich ganz bewusst aufgrund meiner medizinischen und psychologischen Kenntnisse über die Zusammenhänge im menschlichen Körper und der Seele. Das Ende war absehbar und es war nur eine Frage der Zeit, wann es passieren würde. Trotzdem schaffte ich es nicht rechtzeitig auszusteigen. Mein unerschütterlicher Ehrgeiz hatte mich auf diesem Weg in der Bank somit auch nicht weitergebracht.

War es das? Mir fehlt wohl das Vertrauen ins Leben, der Mut und die Risikobereitschaft mit einem guten Konzept auszusteigen. Ich kann weder ein Hochschulstudium, noch eine therapeutische Ausbildung nachweisen. Ich bin nicht gut genug. Ich kann in der Szene der Personal-Trainer nicht mithalten. Andere sind besser. Ich kann finanziell nur wenig Zeit überbrücken. Denke ich.

Doch wer sagt das? Rede ich mir das etwa selbst alles nur ein? Ist das nicht ein festgefahrener Glaubenssatz, der mir bereits in meiner Kindheit in mein System geschrieben worden ist, ein Credo meiner Erziehung? Ein Glaubenssatz, den ich über Jahre hinweg genährt habe, indem ich diese Argumente als faule Ausrede für meinen inneren Angsthasen benutzt habe? Ein Vorwand, eine Rechtfertigung vor mir selbst? Eine Beschwichtigung meiner Seele, die vermutlich etwas ganz anderes mit mir vorhat? „Folge dem Pfad der Freude, dann lebst du den Weg Deines Herzens, erlebst Erfüllung, Glück und unendlichen Reichtum in jeder Hinsicht". Das steht doch in jedem spirituellen Buch, oder? Verdammt, ich brauche einen komplett neuen Ansatz!

Ist DAS die Erkenntnis? All meine emotionalen Verteidigungsreden, Rechtfertigungen und Erklärungen haben doch ihren primären Ursprung in meiner eigenen Unzufriedenheit mit der seit vielen Jahren bestehenden Situation. Ich bin einfach zu feige etwas Gravierendes zu verändern. So sieht es nämlich aus. Altmodisches Sicherheitsdenken und Verweilen in der finanziellen Komfortzone stehen über dem Mut zur Veränderung, dem Schritt ins Unbekannte und dem Vertrauen ins Leben. Das wollte ich nur leider nie wahrhaben.

Die in dieser verleugneten Wahrheit verwurzelte Wut wird durch die harmlose Frage *„Sandra, warum machst Du denn so viel nebenbei? Muss das sein? Achte auf Dich…"* getriggert und verletzt dann häufig verbal die Menschen, die es eigentlich gut mit mir meinen. Und nur, weil diese Menschen mit ihrer Frage die Wahrheit treffen.

Ich wollte meine Wahrheit, die meine Seele schon immer gespürt hat, einfach nie hören. Die Stimme der Seele spricht leise und sanfte Worte. Sie wollte mich immer vor dem Crash beschützen, wollte mir zum Vertrauen verhelfen andere Wege zu finden, um in meinem Leben und in meinem Beruf glücklich zu sein. Davon bin ich heute überzeugt. Da ich dieser meiner Wahrheit nicht zugehört habe, musste ich wohl diesen Umweg über das Burnout gehen. Somit war der Job als Assistentin des Bereichsvorstandes ein letzter Versuch Erfüllung und Glück in dem Bank-Job zu erlangen.

Aber war es wirklich ein Umweg? „Aus den Steinen, die einem in den Weg gelegt werden, kann man Schönes erbauen". Ich werde ab jetzt Baumeister meines Lebens. Vor allem in dem tiefen Bewusstsein, auf mein Herz und meine Seele zu hören, ihren Stimmen zu vertrauen. Eine echte Herausforderung!

Jetzt erst erkenne ich all diese Zusammenhänge. Durch bedingungslose, ehrliche Reflexion meines Lebens, inspiriert durch Unmengen von Büchern, Podcasts und Gesprächen, durch Aha-Erlebnisse im Coaching und Therapien, und vor allem durch die intensive Arbeit mit wundervollen spirituellen Lehrern wird mir so viel bewusst. Werte und Glaubenssätze meiner Kindheit sind in mein ganzes Leben eingewebt. Energie folgt der Aufmerksamkeit. Das ist ein physikalisches Gesetz, das heute sogar in der Quantenphysik anhand von Gehirnströmen nachgewiesen werden kann.

Weiterhin habe ich gelernt, und das ist auch eine wichtige Botschaft für dich, dass alles, was ein emotional starkes Gefühl von Wut, Aggression oder Angst hervorruft, was eine Aktion der Rechtfertigung, einen Zwang zur Verteidigung in dir auslöst, immer ein Thema ist, das dich höchstwahrscheinlich betrifft und das du sehr genau unter die Lupe nehmen solltest. So unbequem und gnadenlos dieses ehrliche Hinsehen auch manchmal ist.

Hierfür danke ich all meinen ehrlichen Freunden, mit denen eine solche Feedback-Kultur und eine radikale Selbstreflexion erfahrbar und möglich sind. Solche Freunde sind ein Geschenk fürs Leben. Ich danke Euch.

Meine Seele ist stark. Sie setzt sich durch. Mit allen Mitteln. Ich WERDE eine neue Lösung für mich finden. Sie entsteht gerade.

6) Meine Spiritualität - interessante Begegnungen und der Weg in die Return-Schleife des Universums

Ich möchte dir, lieber Leser, zuerst meine eigene Definition von Spiritualität an die Hand geben, bevor ich dich weiter auf die Reise in meine Vergangenheit schicke. Auf eine holprige Reise zu den mannigfaltigen Spuren meiner ganz persönlichen spirituellen Suche nach dem Sinn des Lebens. Auf dieser Suche, das kann ich schon einmal verraten, taucht immer wieder ein Satz auf, der meine Sinnfrage unendlich weitergetrieben hat, und es immer noch tut: „Immer, wenn du glaubst, du hast die Antwort, dann ändert das Leben die Frage".

Spiritualität ist für mich der Glaube an eine höhere Macht, eine Energie, und daran, dass alles mit allem und jeder mit jedem in irgendeiner Verbindung steht. Durch dieses Bewusstsein ist der spirituelle Mensch für mich geprägt von einer Lebenseinstellung mit Achtung vor der Natur und aller Lebewesen. Dementsprechend sollte sein Handeln stets von positiver Absicht und reinen Herzens sein. Das Göttliche ist in jedem Einzelnen von uns verborgen. Wer sein Herz öffnet, der strahlt diesen göttlichen Funken aus. Jeder kann die nährende Energie dieser Ausstrahlung spüren und an den leuchtenden Augen erkennen. Spirituell sein bedeutet für mich auch, die eigene Intuition spüren und in diesem Vertrauen leben und konsequent handeln.

Erfahrungen mit Religion und Glauben begleiten mich seit meiner Kindheit. Ich muss allerdings gestehen, dass ich erst jetzt so richtig realisiere, Zusammenhänge erkenne, wie sehr mir spirituelles Gedankengut in meinem Leben immer wieder den Weg in eine neue, unbekannte und spannende Richtung gewiesen hat. Das Leben hat mir permanent Situationen serviert, in denen ich Thesen und Weisheiten aus vielen gelesenen und bearbeiteten Büchern anwenden und mich ausprobieren durfte. Und meine Bücher sind echte Arbeitsbücher, mit Markierungen, Eselsohren und diversen Zettelchen versehen. Ich setze mich wirklich sehr intensiv mit dem Glauben, mit Religion, oder ganz allgemein mit spirituellem Leben auseinander. Und es gibt immer wieder Neues zu entdecken. In mir und im Spiegel der Menschen und Ereignisse um mich herum.

Nun aber zu meinen religiösen Wurzeln im klassischen Sinn. Ich bin evangelisch und demzufolge mit bildhaftem Religionsunterricht, mit Konfirmandenunterricht im besten Teenie-Alter und langweiligen, sonntäglichen Kirchgängen aufgewachsen. Trotzdem war eines meiner frei gewählten Abi-Fächer Religion. Die alten Geschichten aus der Bibel faszinierten mich irgendwie schon immer, ließen sie doch so viel Bedeutungsspielraum und Interpretation zu. Und immer war da auch ein Touch zum übersinnlichen, unerklärbaren Gedankengut. Was war dran an den alten Geschichten? Über verschiedene Lebensthemen nachdenken, darüber diskutieren, Einstellungen kritisch hinterfragen, so machte Schule mit dem Fach Religion richtig Spaß. Verstanden habe ich vieles nicht, was die Pfarrer und Religionslehrer so von sich gaben, aber dieser Hauch von Mystik nicht alles erklären zu können, berührte wohl schon zu Schulzeiten meinen Forscher- und Wissensdrang. Meinen Konfirmandenspruch „*In der Welt habt ihr Angst, doch seid getrost, denn ich habe diese Welt überwunden*" (Johannes 16,33), habe ich lange nicht verstanden, fühlte mich aber wie magisch zu genau diesem Spruch hingezogen. Ich komme später noch einmal darauf zurück. In der Rückschau taucht hier zum ersten Mal der Satz auf: „Immer, wenn du glaubst, du hast die Antwort, dann ändert das Leben die Frage".

Im Alter von 25 Jahren war mein Unterbewusstsein wohl so weit, dass es neue, aufregende Erfahrungen machen und Erkenntnisse haben wollte. Vehement bohrte es sich in der Routine meines langweiligen Jobs in der Bank als unruhiges Gefühl vom Herzen ausgehend direkt in meinen Kopf. Dort formten sich Fragen, die meine Gedanken kreisen ließen. Es ging vor allem um Lebensthemen, wie „War das alles? Sollte es jetzt in meinem Leben genauso so weitergehen? Ist das meine Erfüllung? Ist das meine Aufgabe im Leben?". Wie langweilig ist das denn?

Eine für mich unsichtbare Energie zog mich in das energetische Feld mit einer wohl gleichschwingenden Frequenz eines Arbeitskollegen. Ingo. Wir führten geniale Gespräche über spirituelle Themen, z.B. „Was ist gut für mich? Woher weiß ich das? Wie fühlt sich das an? Wer oder was raubt mir Energie? Wie macht sich das bemerkbar, wo fühle ich es?". Ingo hatte in dieser Zeit eine Ausbildung zum psychologischen Heilpraktiker gemacht, seinen gut bezahlten, sicheren Job in der Bank gekündigt und verdiente sein tägliches Brot mit seinem Hobby, der Fotografie. Ich habe diese Entschlossenheit und den Sprung ins Ungewisse sehr bewundert. Dieser Mensch geht den Weg seines Herzens, ohne zu wissen, ob er Erfolg hat oder nicht. Er spürt einfach, dass sein Weg stimmig ist. Und was ist eigentlich mein Weg? Ich bin auf meinem derzeitigen Weg weder erfüllt noch glücklich. Mein Interesse liegt im Sport- und Gesundheitsbereich, und ich möchte dieses Wissen weitergeben. Ich war aber einfach noch nicht so mutig. Da war er wieder, der folgenschwere Satz: „Immer, wenn du glaubst, du hast die Antwort, dann ändert das Leben die Frage".

Ingo hatte mir zwei Bücher empfohlen, die tatsächlich entscheidende Veränderungen in meiner Sichtweise und in meiner Art zu leben mit sich gebracht haben: „Gespräche mit Gott" von Neale Donald Walsh und „Der Pfad des friedvollen Kriegers" von Dan Millman. Nach der Lektüre der beiden Bücher trat ich aus der Kirche aus. Zum ersten Mal hatte ich eine Idee davon bekommen, was Glaube und Spiritualität wirklich bedeuten könnte. Es gibt keinen strafenden und richtenden Gott, denn Gott liebt alle Wesen. Kein Mensch wird bestraft, denn er tut immer das Bestmögliche, was er in dem Moment tun muss. Und jeder kann Gott spüren, denn er ist in jedem selbst, in jedem Herzen. Die Herausforderung ist nur, sein Herz zu öffnen und so Gott im eigenen Handeln wirken zu lassen. Die Kirche hat da wohl etwas völlig missverstanden.

Angespornt und voller Neugier habe ich in der Zeit viele weitere spirituelle Bücher von namhaften Autoren und Coaches gelesen. Louise Hay, Harald Wessbecher, Eckart Tolle, Ken Wilber, Esther und Jerry Hicks, Safi Nidiaye, und viele mehr. Immer weiter auf der Suche nach meinen mir noch verborgenen Fähigkeiten, nach dem Licht in mir, nach dem tiefen, intuitiven Wissen in mir, sammelte ich in drei Aura-Kursen einige Erfahrungen mit der geistigen Welt. Diese Erfahrungen ließen mich erkennen, dass jeder Mensch Kontakt zu seiner Intuition hat, hellsichtig, -fühlend und -sehend ist, diese Fähigkeiten aber leider im Laufe unseres westlichen Lebensstils verlernt hat. Das Buch „Traumfänger" veranschaulicht so klar, dass die Urvölker sich dieses wertvolle Wissen bewahrt haben. Diese Menschen nehmen achtsam und genügsam von den Schätzen der Natur und geben ihr in Würde und Dankbarkeit alles zurück. Sie wahren das Gleichgewicht von Geben und Nehmen, horten nicht und häufen nichts an. Und jetzt? Wie setze ich diese Erkenntnisse in meinem Leben um? „Immer, wenn du glaubst, du hast die Antwort, dann ändert das Leben die Frage".

In dieser Zeit habe ich dann tatsächlich sehr intensiv begonnen vieles in meinem Leben, vor allem im Außen, in meinem Umfeld, zu hinterfragen. Konsequent zog ich mich auch von Personen zurück, die mir extrem viel Energie raubten. Die Energievampire. Kennst du die? Und kennst du auch Gespräche, die einem absolut nichts geben? Gespräche, nach denen du dich hinterher leer fühlst und dich fragst, warum du deine kostbare Zeit investiert hast? Oder Freundinnen, die immer alles toll finden, was du machst, und dich auf einen Sockel stellen? Freunde und Bekannte, die von dir bespaßt werden möchten, weil ihr eigenes Leben so eingefahren und routiniert ist, dass sie sich oft selbst nicht mehr spüren, abstumpfen, keine intensiven Gefühle mehr haben? „Erzähle mal Du, bei Dir passiert immer so viel". Ja klar, ich bin ein wissbegieriger, neugieriger Mensch, ich probiere mich aus. Ich lebe, und ich erlebe, verdammt noch mal! Da passiert auch was. Aber das reichte mir bei Weitem nicht. Ich brauchte wieder neue Lehrer, brauchte Reflektion, brauchte Selbsterfahrung und Erkenntnisse.

In Aura-Einzelsitzungen versuchte ich dann, mein Verhältnis zu meinen Eltern, meine Kindheit und vor allem meine Glaubenssätze zu verstehen, liebevoll anzunehmen und aufzuarbeiten. Die Energiearbeit verschaffte mir Zugang zu meinem innersten Wesen, zu meiner Seele. Super, das war ein Anfang. Doch „Immer, wenn du glaubst, du hast die Antwort, dann ändert das Leben die Frage".

Da sich mir immer mehr eine ganzheitliche Betrachtung von Zusammenhängen in der Welt erschloss, rückten auch die Themen Ernährung, Bewegung und Gesundheit noch stärker in meinen Fokus. In meiner zweijährigen Ausbildung zur ganzheitlichen Ernährungsberaterin und anschließendem Fernstudium über mehrere Fachthemen, gewann ich tiefere und fundierte Erkenntnisse, nicht nur über Nahrungs- und Lebensmittel, sondern auch über deren Funktionsweise und Verarbeitung im Körper. Die ayurvedische und die chinesische Ernährungslehre offenbaren mir faszinierende Aha-Erlebnisse und Zusammenhänge zwischen Psyche und Körper, die auch über Ernährung regulierbar sind. Wieder richtete ich mich neu aus. Ab sofort gab es nur noch regionale, saisonale Bio-Produkte und Eier aus artgerechter Haltung. Zum einen aus ethischen Aspekten, und zum anderen aus dem Verständnis über die Funktionalität unseres genialen Körpers heraus. Auch mein Umfeld profitierte von diesen neu erworbenen Erkenntnissen - mehr oder weniger. Mein Enthusiasmus überschlug sich oft gedankenlos, missionarisch und unge-

fragt. Da wurde ich schon mal von Freunden streng zurückge-
pfiffen. Dann eben anders, war meine Devise. Ich lernte, dieses
Wissen gezielt in Seminaren weiterzugeben, was mir über die
Jahre viel Spaß bereitet hat - immer in Verbindung mit Bewegung
und Sport, worauf ich aber hier weniger eingehen möchte.

Fast zwanzig Jahre war mein Leben erfolgreich geprägt von Wissen ansammeln, Wissen verarbeiten und Wissen weitergeben.
Alles „in addition to" meinem Assistenzjob in der Bank, der mich
zwar immer noch nicht erfüllte, mir aber genug freie Energie für
all die Aus- und Fortbildungen und die Kurse bot. Meine Zugzeit
als Pendler war sinnvoll ausgefüllt. Gedanken aus dem Job auszusteigen, wie Ingo damals, verdrängte ich nach wie vor, mehr
oder weniger erfolgreich. Doch permanent meldete sich diese
quälende innere Stimme. „Sandra, das wird auf die Dauer zu
viel. Deine Seele will auch mal frei haben, will mal Luft holen,
nichts tun, faul sein". Mit einem „ja okay, ist ja gut. Ich probiere
es mal mit Yoga. Das ist ein guter Kompromiss. Über die Bewegung die Spiritualität in mein Bewusstsein und in meinen Körper
holen. Gute Idee!". Da war er wieder, der Satz im Hintergrund.
„Immer, wenn du glaubst, du hast die Antwort, dann ändert das
Leben die Frage".

Bereits meine ersten Erfahrungen mit Yoga dockten an etwas an,
was ich bereits erfahren hatte und ich wurde durch die Beschäfti-
gung mit der Yoga Philosophie daran erinnert, mein Handeln
und Tun stärker zu hinterfragen, achtsam mit mir und meiner
Umwelt umzugehen. Patanjali lehrte mich, in mich zu gehen und
meine Mitte wieder zu spüren. Das Gesetz der Anziehung war
prompt aktiv. Ich zog wieder Menschen in mein Leben, die ähn-

lich drauf waren wie ich. Supermegagenial! Und es tauchten neue Lehrer und weitere neue Erkenntnisse auf. Meine Seele ist wohl einfach auf Weiterentwicklung konditioniert. Das war mir inzwischen klar geworden. Gut, jetzt aber gehe ich nur noch in Achtsamkeit und mit viel mehr Präsenz und Ruhephasen weiter. Ich bleibe auch mal stehen und genieße das Leben und das Erreichte.

In dieser Phase kam Klemens Kuby in mein Leben. In seinem Buch „Unterwegs in die nächste Dimension" beschreibt er eine Art Quantensprung in eine andere energetische Dimension. Und auch zu diesem Thema traf ich wieder Menschen, von denen ich faszinierende Erkenntnisse über Bewusstseinsveränderung, Achtsamkeit und Meditation erfuhr. Menschen, die ihre wahre Bestimmung gefunden hatten und erfolgreich den Weg ihres Herzens gingen. Ich spürte, wie wichtig diese eigene Wahrheit für jeden Einzelnen ist und fühlte mich von dieser Mystik, den universellen Gesetzen, angezogen. Ich wollte sie finden, meine eigene Wahrheit, denn „Immer, wenn du glaubst, du hast die Antwort, dann ändert das Leben die Frage".

Mantra-Singen, mehrere schamanische Seminare und eine Aura-Behandlung bei einem spanischen Schamanen führten mich schließlich zu Don Agustin, dem blauen Schamanen. Ich weiß nicht, wie ich all diese Erfahrungen beschreiben soll. Nach jedem Singkreis, nach jedem Seminar, nach jeder schamanischen Reise, nach jeder Meditation spüre ich diese tiefe innere Ruhe im Rahmen einer enormen Kraft. Ich erlebe eine stabile Verbindung zur Erde und kann die universelle Lichtenergie des Universums um mich herum wahrnehmen und aufnehmen. Dankbarkeit und Liebe durchfluten immer öfter meinen Körper und ich weiß manchmal nicht einmal warum und wofür. Manchmal spüre ich ein Kribbeln, wenn ich wahre, weise Worte zu anderen sage, die wohl in dem Moment zutreffend sind. Das gleiche pulsierende Gefühl steigt in mir auf, wenn ich intensive Erlebnisse in der Natur oder mit anderen Menschen habe. Mein vernebelter Geist wird immer klarer, und ich selbst immer ruhiger und entspannter, in mir ruhend. Freunde sehen ein Leuchten in meinen Augen und suchen Gespräche mit mir.

Doch nun zurück zu Don Agustin, dem schamanischen Lehrer meiner Freundin und deren Freund Xavier, ebenfalls beide Schamanen. Ich lernte ihn hier in Deutschland kennen und, einem spontanen Impuls folgend, war ich auch schon für ein Seminar im Ausland angemeldet. Fünf schamanische Heiltage direkt nach Weihnachten, auf einem spanischen Landgut, mit ca. fünfzig weiteren Teilnehmern aus Italien, Spanien, aus Österreich, der Schweiz und natürlich Deutschland verbringen - das wollte ich erleben. Auf dem völlig in der Pampa gelegenen Anwesen in Armenteras, knapp achtzig Kilometer nördlich vor Barcelona, mit vielen gleichgesinnten Menschen zusammenkommen, dort in der Gruppe arbeiten und nebenbei in den Genuss von Seminaren und vielerlei schamanischen Ritualen gelangen. Was für eine geniale Erfahrung! Ich war bereit und folgte dem Ruf meines Herzens.

Und ich erlebte wahrhaftig sehr intensive Tage mit liebevollen, unkomplizierten und hilfsbereiten Menschen. Ich konnte dort einfach ich selbst sein und wurde als Neuling immer aufmerksam und beherzt an die Hand genommen. Alle waren gleich, alle packten mit an. Ich sog diese Erlebnisse, die offenen und ehrlichen Gespräche, die magische Energie aus den Feuerritualen, und einfach die Kraft dieses majestätischen Ortes wie ein Schwamm in mir auf. Zum ersten Mal in meinem Leben konnte ich in einem Schlafsaal mit acht Stockbetten tief und fest schlafen. Nichts störte meine Ruhe. Mit dicken Wollsocken, Schlafanzug, Kapuzenpulli und drei Decken schlummerte ich friedlich in einem der obersten Betten. Das Licht des Feuers aus dem kleinen, gusseisernen Ofen tanzte in der Nacht im Zimmer. Jeder war verantwortlich dafür, dass immer genug Holz nachgelegt wurde. Das klappte ohne Plan und Absprache. Ausgeruht, erholt, entspannt und erfüllt mit Dankbarkeit lebte ich neugierig in diese besonderen Tage hinein. Über meine Erlebnisse dort berichte ich gern in einem anderen Zusammenhang ausführlicher.

Motiviert, erfüllt und durchtränkt von all der positiven Energie, der Klarheit und der inneren Ruhe, beschäftige ich mich seither sehr intensiv mit Meditation, Achtsamkeit und Bewusstseinsarbeit. Spirituelle Bücher von Dr. Joe Dispenza, Vadim Zeland, Ruediger Schache, Robert Betz, Dr. Ruediger Dahlke und viele andere, wurden zu meinen Arbeitsbüchern. In der Ausbildung zum Meditationslehrer durfte ich weitere spannende Möglichkeiten kennenlernen meine Seele zu erreichen, und in der schamanischen Klangschalenausbildung wertvolle Berührungen meiner Seele über die Musik erfahren. Dieser umfangreiche, bereichernde Austausch auf verschiedenen Ebenen und Sinneskanälen lässt mich immer wieder tiefe Dankbarkeit erfahren. Es ist so wichtig, nicht nur mentale und körperliche Erfahrungen zu machen, sich Wissen anzueignen, sondern auch darüber zu reden, zu diskutieren, sich andere Meinungen anzuhören. Die systemische Coaching-Ausbildung soll dem ganzen einen Rahmen geben, ergänzt sozusagen die mentale Seite. Denn die Natur braucht Ausgleich. Yin und Yang. Beides ist wichtig und hat seine Berechtigung. Bei aller spirituellen Praxis ist ein fester Kontakt zur Erde, zur Realität, in der wir nun einmal hier in Europa leben, absolut notwendig. Diese Ermahnung von Agustin ist mir sehr gut in Erinnerung geblieben.

Mein Umfeld hat sich, vor allem seit meinem Aufenthalt in Armenteras, stark verändert und meine Lebensanschauung folgt dem Prinzip, dass alles, was mir passiert, dass jeder Mensch, der mir begegnet, etwas mit mir zu tun hat. Somit bin ich dankbar für jede Erfahrung.

Spirituell leben bedeutet für mich heute, jede Person so zu akzeptieren wie sie ist, d.h. nicht zu urteilen, zu verurteilen, sondern die Seele mit all ihren individuellen Erlebnissen zu sehen, zu erkennen. Ich muss den anderen weder verstehen, noch bekehren oder von meiner Meinung überzeugen. Jeder lebt seine eigene Wahrheit und Wirklichkeit, geprägt aus der Summe seiner Erfahrungen. Diese Worte meines Ausbilders aus der Gesprächs- und Focusing-Therapie wiederhole ich auch heute noch. Anlässe gibt es hierfür genug. „ICH BIN ICH UND DU BIST DU. VERSUCHE NICHT MICH ZU ÄNDERN, SO WIE DU MICH GERNE HABEN MÖCHTEST, UND ICH VERSUCHE NICHT DICH ZU VERÄNDERN, WIE ICH DICH GERNE HABEN MÖCHTE".

Spiritualität bedeutet für mich auch, nicht alles mit dem Verstand erfassen zu müssen, sondern einfach mehr und mehr meinem eigenen Bauchgefühl zu vertrauen. Auch wenn das „Warum?"

nicht immer klar ist. Der Sinn offenbart sich oft erst später. Dieses Vertrauen zu spüren und konsequent fokussiert danach zu handeln, ist wohl das Schwierigste überhaupt.

Alles, wirklich alles, hat folglich auch seine positiven Seiten. Die Natur strebt nach Ausgleich und Harmonie. Wo Licht ist, ist auch Schatten. Wie du im Innen Gedanken erschaffst, wie du strahlst und empfindest, so erlebst du dein Außen in der Reflexion. Deine Wirklichkeit kreiert deine Umwelt - ganz nach dem Gesetz der Anziehung. Energie folgt der Aufmerksamkeit.

Spiritualität leben heißt für mich, auch möglichst oft über Meditation, Singen, Chakren-Arbeit oder durch den Kontakt mit der Natur, über Yoga und jeder Art von Bewegung, in mich zu gehen, und so immer mehr Zugang zu meinem Unterbewusstsein zu erlangen. Vom Körper in die Seele und umgekehrt. Damit glaube ich, immer klarer und bewusster zu werden. Ja, ich möchte meinen Herzensweg gehen, der definiert ist durch meine Ziele und Werte. Immer im Einklang meiner Seele mit dem Verstand. So versuche ich dem Fluss des Lebens zu folgen, immer aufmerksam und reflektiert.

Und es geht tatsächlich unaufhaltsam weiter. Wenn du einmal im Fluss des Lebens schwimmst, dann scheint sich das Universum zu freuen. Es beginnt dich zu testen und du kannst sicher sein, dass schon nach der nächsten Flussbiegung die nächste Aufgabe auf dich wartet. Ganz nach dem Motto: „Immer, wenn du glaubst, du hast die Antwort, dann ändert das Leben die Frage".

Und genauso sollte es kommen.

Meine spirituelle Testphase begann exakt am 25. Oktober 2019. Ich hatte bereits so viel in meinem Leben verstanden, hatte in einem sechswöchigen Klinikaufenthalt nach meinem Burnout meine Lebensfreude wiedergefunden, hatte wieder Pläne, und Lust auf all die Veränderungen, die ich meinem Leben geben wollte. Ich wollte wieder durchstarten. Und dieses Mal mit ganz konkreten Schritten, die ich bereits in einer Timeline beim Coaching erarbeitet hatte.

Das Universum, oder wer auch immer, entschied dann aber, mich in eine weitere „Lern-Schleife" zu schicken. Dabei fing alles so wundervoll an. Wie ein Märchen. Dieses „Märchen" werde ich im zweiten Teil dieses Buches erzählen, denn in jeder Episode ist ein „Aha-Erlebnis" mit einer wichtigen Erkenntnis für mich und vielleicht auch für dich, lieber Leser, enthalten.

7) Meine Partner und Beziehungen - die Hoffnung stirbt immer zuletzt

Allein schon über das Thema „Beziehungen" könnte ich ein ganzes Buch schreiben. Wenn ich heute auf all diese Erfahrungen zurückblicke, dann verliere ich fast schon den Überblick. Oh mein Gott, was habe ich alles für chaotische Beziehungsstrukturen erlebt! Mir ist das fast ein wenig peinlich, mich zu offenbaren, aber all das gehört zu mir. Als Frau „gehört es sich ja nicht, sich auszuprobieren". So habe ich das jedenfalls gelernt, daher gehe ich auch heute nicht so gern mit diesem Erfahrungsschatz hausieren. Auf manche Erlebnisse hätte ich gerne verzichtet, dennoch waren sie in der Gesamtheit meiner Erfahrungen notwendig. Jeder einzelne Flirt, jede Affäre oder längere Beziehung waren es wert. Das erkenne ich jetzt mit beinahe 50, wobei ich das Wort „Erfahrungs-Schatz" ganz bewusst wähle. Ja, ich hätte mir viel Leid und Trauer ersparen können, hätte dann aber viele aufregende, spannende und verrückte Erlebnisse nie erleben dürfen. Vor allem die damit verbundene Lebensfreude, die Lebendigkeit, das Prickeln und die Spannung des Abenteuers, Grenzerfahrungen, der Reiz des Neuen und die damit verbundene Freiheit und die Leichtigkeit. „Man muss nicht gleich in allem einen Sinn erkennen. Manchmal offenbart sich dieser erst wesentlich später im Leben".

Grundsätzlich war ich in Bezug auf „Jungs" ein totaler Spätzünder. Auch wenn damals, neben meiner Freundin Petra, Michael mein bester Spielkamerad war. Das war so die Zeit, als ich 10 bis 14 Jahre alt war. Mit Michael konnte ich durch die Wälder streifen, auf Bäume klettern, die Welt von Sherlock Holmes und Phantomias (kennst du die Disney Taschenbücher „noch"?) erleben. Gemeinsame Wanderungen, Schwimmbadbesuche, Ferien-Tagesausflüge und planlose Busfahrten mit dem Hofer Ferienpass bis zu den Endstationen und zurück - diese Erlebnisse waren nur mit Michael möglich. Niemals gab es da Zeichen des Verliebtseins oder körperliche Annäherungen.

Auch die Phase, in der wir Mädels jeden Freitag stundenlang die Hofer Altstadt rauf und runter schlenderten, nur um eine Clique von Jungs zu beobachten und „zufällige" Begegnungen zu arrangieren, war völlig harmlos.

Ein Schlüsselerlebnis hatte ich jedoch in dieser Zeit, an das ich mich noch heute mit allen damit verbundenen Gefühlen erinnern kann. Meine Kindheit und Jugendzeit waren stark durch das Turnen geprägt. Ich war nie besonders gut, nur eine Mitläuferin mit viel Ehrgeiz. Viermal in der Woche Training im Leistungszentrum in Hof war ein fester Bestandteil meines Lebens. Die Turnhalle lag auf einer Anhöhe, somit konnte man von oben durch das Fenster hinuntersehen. Irgendwann tauchten die Jungs aus der Stadt dort oben auf, interessiert am Training? An uns? Aufregung, Panik, ein rasendes Herz und verzweifelte Versuche, sich „möglichst cool" zu verhalten, nahmen dem Training jede Konzentration. Als einer der Jungs abends auch noch bei mir anrief und ein Date mit mir wollte, war ich völlig fertig. Der arme Kerl wurde von mir sowas von abserviert. Das war mir einfach zu viel. „Hilfe, ein Junge interessiert sich tatsächlich für mich". Heute denke ich manchmal darüber nach, warum ich eine solche Schockstarre durchlebte und welchen Einfluss das Geschehen auf meine späteren Begegnungen mit Männern hatte. Aber meine Grübeleien verstrichen ergebnislos. Du musst nicht hinter allem einen tieferen Sinn suchen. Manche solcher Erlebnisse sind einfach nur als Erfahrung abzulegen.

(*Anmerkung der Autorin: Diesen Mann habe ich vor kurzem getroffen. Er konnte sich nicht einmal mehr an die Geschichte, geschweige denn an mich erinnern. Soviel zum Thema „etwas eine Bedeutung geben". Alles ist eben individuell.)

Und ich wurde tatsächlich mit der Zeit mutiger. Über all diese Erfahrungen könnte ich ein weiteres Buch schreiben, aber ich möchte mich hier mit den entscheidenden Erkenntnissen beschäftigen. Dazu gehört definitiv folgende Geschichte. Die erzähle ich, nachdem ich noch eine weitere Erkenntnis mit dir, lieber Leser, geteilt habe. Ich bin sicher, der eine oder andere kennt solche Erfahrungen und traut sich vielleicht nur nicht auszubrechen.

Es gibt allerdings immer Zusammenhänge zwischen der Erziehung, den Erfahrungen aus der Kindheit, mit den Eltern, und speziell mit dem Vater, und der Suche nach einem passenden Lebenspartner. Ich entlarve hier bei mir tiefsitzende innere Antreiber:

Ich will gefallen => ich will Bestätigung => ich will Anerkennung und Liebe.

Ich muss gestehen, ich war selbst fassungslos, als mir irgendwann klar wurde, was ich doch all die Jahre für ein bühnenreifes Theaterstück aufgeführt hatte. Das grenzte schon an Vortäuschung falscher Tatsachen. Unbewusst, aber professionell, habe ich den männlichen Kandidaten immer gezeigt, dass ich da bin, hab sie mit Essen, kleinen Aufmerksamkeiten und überraschenden Aktionen verwöhnt. Auf meiner Stirn stand geschrieben (und ich sendete das Signal auch aus) „Sandra hat Zeit ohne Ende". Das stimmte ja definitiv nicht! Somit zog ich ständig Männer an, die entweder voll auf mich fixiert waren, die zu viel meiner Zeit einforderten, die mich - aus meiner Sicht - vereinnahmten, und es genossen, von mir „bespaßt zu werden". Die, die ich wirklich wollte, nämlich die Selbstbestimmten, die, die wenig Zeit hatten, weil sie ein ausgefülltes Leben führten, für die legte ich mich auch abartig übertrieben ins Zeug. Aber genau die wollten mich irgendwie nicht.

Flirten ohne Ende, keck und frech sein, mit weiblichen Reizen und Andeutungen locken, „heiß machen", es dann zu genießen gewollt zu werden, begehrt zu werden, das tat mir gut. Ausbildungen als Übungsleiter und Trainer boten mir viele Gelegenheiten. Ich stand im Rampenlicht, auf der Bühne. Dort wurde ich gesehen, anerkannt, gelobt und bewundert. Aber so richtig verliebt war ich selten, es war ein Spiel, welches ich sehr gut beherrschte. Wenn es mir zu eng wurde, zog ich mich wieder zurück.

Mein Selbstwertgefühl war durch meine Erziehung nicht besonders ausgeprägt, und der Wert, den ich mir selbst, aufgrund der tiefsitzenden Glaubenssätze „Ich bin nicht so wichtig, ich muss mich anpassen, das Wohl der anderen steht über meinem Wohl", nicht geben konnte, zog mich aus dem Außen in meine Welt. Ich brauchte diese Bestätigung, vor allem von der Männerwelt.

Ich weiß nicht mehr, wann ich das alles realisiert habe, wie es dazu kam, dass ich meinen eigenen Wert erkannt habe, und mir das bisher veranstaltete Theater total peinlich war. Ich weiß mittlerweile, dass ich ein Mensch bin, der gemocht, geschätzt und geliebt wird, der nichts dafür tun muss, sich nicht anstrengen muss, weil ich bin wie ich bin. Ich bin wie ich bin, und das ist absolut ausreichend. Ich muss nichts dafür tun, um jemandem zu gefallen, denn ich bin wie ich bin, und das ist gut so. Es ist so einfach, und in keinster Weise anstrengend. Ich kann „Nein" sagen, Grenzen setzen, über die ich mir allerdings vorher selbst im Klaren sein muss. Ich habe keine Angst mehr andere zu verletzen, denn wenn ich meine Werte deutlich und wertschätzend kommuniziere, dann bedeutet Ablehnung, dass nicht ich das

Problem bin, sondern dass ich für den anderen gerade einen Spiegel für dessen Thema darstelle. So einfach ist das.

Meine Beziehungen und Kontakte sind tatsächlich so wunderbar leicht und unkompliziert geworden. Das passiert ganz von selbst, einfach durch mein klares und offenes Verhalten, welches im Einklang ist mit dem, was ich immer ehrlich und wertschätzend kommuniziere. Und wenn ich nicht weiß, was der andere gerade erwartet, was er denkt, was er gerne möchte, oder was er fühlt, dann frage ich nach. Ich muss nicht spekulieren oder raten, denn das ist anstrengend. Das wunderbare Resultat meines Verhaltens ist mit einem Satz einer lieben Freundin in mein Herz eingezogen und bestätigt mich, auf dem richtigen Weg zu mir selbst und in meinem Handeln und Wirken zu sein. „Sandra, ich danke Dir für Deine unkomplizierte Freundschaft".

Noch etwas ganz Entscheidendes habe ich gelernt:

Niemals mit dem Kopf durch die Wand! Tu alles, was im Rahmen deiner Möglichkeiten steht, wenn du etwas Bestimmtes erreichen willst, wofür du innerlich brennst. Dann aber, wenn du alles getan hast, was zu tun ist, lass es los, gib es ab und lass dich vom Universum leiten. Alles darf sich nun „zum Wohle ALLER Beteiligten" entwickeln. Steht das, was du willst, im Einklang mit deinem Seelenplan, dann werden sich die weiteren Schritte zeigen, sich wie von selbst ergeben. Du wirst die richtigen Menschen zur richtigen Zeit treffen und genau die Situationen vorfinden, die dich weiterbringen.

Versuche aber niemals mit Zwang eine Sache oder einen Menschen in deine Vorstellungen, in dein Leben zu „zerren", und dränge dich vor allem nicht auf. Versuche nicht gegen alles anzukämpfen, was sich dir vielleicht als Problem, als Hürde oder als Hindernis in den Weg stellt. Versuche es nicht mit Verbissenheit, Wut oder Aggression, oder aus falschem Stolz (Achtung: das EGO agiert hier oft und will Recht haben, immer und immer wieder). Lass dich niemals zu Taten verleiten, die unter deiner Würde, deinem Stolz sind, oder die du sonst niemals tun würdest. Denn es kann sein, dass das Universum dir zeigen will, dass dein Weg gerade in eine weniger gute Richtung führt, indem es dir vermeintliche Hindernisse in den Weg stellt. Prüfe diese Stolpersteine! Vielleicht sollst du in eine ganz andere Richtung laufen, oder ein Mensch, den du unbedingt in dein Leben ziehen willst, tut dir nicht gut.

Es kann natürlich auch sein, dass du genau diese Lernaufgaben bewältigen musst. Solange dein inneres Feuer für etwas brennt, ist ein wenig Anstrengung sicher in Ordnung. Prüfe immer wieder ehrlich, wie viel Energie du gerade investierst, und wie viel Energie du bereit bist für die Sache zu geben, ohne dich dabei selbst zu vergessen. Eine Freundin hat mir einen Satz mitgegeben, an den ich mich immer wieder erinnere, wenn ich nicht weiß, ob ein Verhalten stimmig ist oder nicht: „Prüfe ehrlich, bei allem was du tust, deine wahre und tiefe Absicht. Entspringt sie deinem reinen Herzen, oder will dein Ego eine Befriedigung?".

So, jetzt folgt die verrückte Geschichte mit Wood, ausnahmsweise in zwei Versionen. Sie beginnt im Alter von 17 Jahren und setzt sich fast 30 Jahre später fort. Diese noch andauernde Geschichte berührt mich selbst sehr tief. Und es erstaunt mich immer noch, wie viele Gefühle sich da, über Jahre hinweg, parallel in unseren so unterschiedlichen Leben weiterentwickelt haben, bis wir wieder zueinander gefunden haben. Somit kann ich gar nicht anders, als dieser Erfahrung ein komplettes Kapitel in diesem Buch zu widmen. Das Kapitel „Ein ungewöhnliches Revival meiner ersten großen Liebe" folgt im Anschluss.

Erst einmal berichte ich von all den anderen wunderschönen, teils verrückten und extremen Erfahrungen mit der Männerwelt, die für all meine späteren Erkenntnisse äußerst prägend, immer lehrreich und somit grundlegend waren.

Allerdings stehe ich nun vor der großen Herausforderung, all meine Beziehungen, die mich wirklich geprägt haben, zu beleuchten und sie dir - möglichst kurz und prägnant - in einem Rahmen zu präsentieren, der nicht das ganze Buch sprengt.

Neben Peter, den ich ja in die Flucht geschlagen hatte, und Wood, meiner ersten wirklich großen Liebe, gibt es tatsächlich noch weitere fünf Männer, die hier erwähnt werden müssen.

Diese Erfahrungen bilden die Grundlage für all meine Entwicklungen und heutigen Lehren und Weisheiten. Ich gehe chronologisch vor und ersetze die Namen mit von mir gewählten Phantasienamen.

Lustigerweise war Icy damals der beste Freund von Wood, und sein direkter Nachfolger an meiner Seite. Fünf Jahre hat diese Beziehung gehalten. Heute ist Icy mit meiner damals besten Freundin verheiratet und hat zwei Kinder. Ich muss selbst schmunzeln, wenn ich diese spannenden Verstrickungen und Entwicklungen betrachte. Ich erwähnte das ja bereits „ich war und bin anders". Und ich wollte mich auf gar keinen Fall in der Konstellation „Familie" wiederfinden. Da hatte ich gerade noch mal die Kurve gekriegt.

Ich sehe schon die erhobenen Zeigefinger, dass „man so etwas doch nicht tut, weil der beste Freund des Partners tabu ist". Ja, das sagt uns der Verstand, aber wenn das Herz spricht, dann spricht es eben. Natürlich steht es jedem frei, diese Stimme zu ignorieren. Es könnte aber sein, dass du es später bereust. Ich bereue es nicht, denn ich habe durch den Alltag dieser Beziehung erfahren, dass ich eben nicht der klassische Familienmensch bin und noch mehr vom Leben wollte.

Jeden Samstag Putzen und Einkaufen, jeden Sonntag lange ausschlafen und den Tag mit dem Mittagessen beginnen. An den Wochenenden jeden Nachmittag auf der Couch faulenzen, ab und zu mit Freunden spazieren gehen, Kaffee trinken, oder mit der Familie die Zeit beim Spielen rumbringen. Hilfe! Nein! „Ich war und bin anders", so kann das nicht ein Leben lang weiter gehen. Fünf Jahre Beziehung und bereits so extrem in einem langweiligen Alltag gefangen, wie ich ihn bereits als Kind bei meinen Eltern miterlebt hatte. Ich flüchtete. Und das war gut so, denn das war nicht ich. Doch wer war ich dann?

Ich durfte viele Erfahrungen mit den unterschiedlichsten Männern machen, kam aber keinen Schritt weiter. Nicht einer war wirklich dauerhaft interessant. Zum ersten Mal stellte ich mir die Frage, ob überhaupt jemals ein Mann an meiner Seite seinen Platz würde finden können. Zu Beginn war es jedes Mal spannend, doch irgendwann engte mich jede Beziehung ein. Ich war wohl nie richtig verliebt, wollte nur Bestätigung und Erfahrung. Krasse Abrechnung, aber ehrlich.

Dann kam Blanco. Ich glaube, ich war das zweite Mal in meinem Leben richtig verliebt. Mit ihm stimmte einfach alles und es kam so viel zurück. Endlich ein Mann mit einem eigenen Leben, mit eigenen Interessen und Vorstellungen. Auch außerhalb seines Jobs war er in Vereinen engagiert und erfolgreich. Sportlich, gutaussehend, humorvoll, ein wenig verschmitzt und frech, unglaublich aufmerksam und liebevoll. Ein Mann, der mir kleine Geschenke machte, der Liebesbriefe schrieb, Blumen schickte und mich stolz und auf Augenhöhe an seiner Seite präsentierte.

Ich war ich selbst und musste mich nie verstellen. Ich hatte immer genug Zeit, mich meinen Aus- und Fortbildungen zu widmen, wenn er Samstag oder Sonntagnachmittag aktiv als Schiri oder einfach nur so auf dem Fußballplatz verbracht hatte. Ich gehörte nicht zu den Mädels, die jeden Samstag mit vor Ort waren, weil sie sonst nichts weiter zu tun gehabt hätten. „Ich war und ich bin anders". Und genau das konnte ich an seiner Seite leben. Was für eine wundervolle Erfahrung. Ich war wirklich richtig glücklich. Ein Jahr lang schwebte ich im siebten Himmel, ein weiteres Jahr erlebte ich die tiefsten Höllenqualen.

Das scharfe Schwert der Eifersucht schlug in diese perfekte Beziehung ein. Trotz all meiner Offenheit, meiner Lust am Flirten und meinen diversen männlichen Bekannten, gab es niemals einen einzigen Grund, der diese Eifersucht rechtfertigte, die Blanco plötzlich an den Tag legte.

Ich wurde von ihm mit teilweise unscheinbaren, aber auch ganz konkreten Fragen, vagen Vermutungen, mit Skepsis und Misstrauen konfrontiert. Im Gegenzug weiß ich heute, dass er nicht nur mit einer Frau zu der Zeit angebandelt hatte, bzw. mich wirklich betrogen hatte. Was war passiert?

Mit einer kleinen Gruppe war ich in Salzburg auf einem Network Marketing Event und er auf dem Polterabend seiner Schwester. Da ich von den anderen im Auto mitgenommen wurde, musste ich mich bezüglich der Rückreisezeit anpassen. Für mich war es wie immer selbstverständlich den Partner darüber zu informieren, dass ich später zurückkomme und vor allem auch warum sich die Heimfahrt verzögerte. Gesagt, getan. Info auf seiner Mailbox hinterlassen. Alles gut. Ich war fröhlich und gut gelaunt, denn es war ein rundum gelungener Ausflug.

Am nächsten Tag jedoch brach mein Traumschloss mit meinem Traumprinzen wie ein Kartenhaus in sich zusammen. Er stand vor meiner Tür und, vermutlich um sich selbst reinzuwaschen, beschimpfte er mich aus dem Nichts heraus aufs Übelste. In einer tief demütigenden und herabwürdigenden Art schossen mir Vorwürfe entgegen, die mich sprachlos machten. Vorwürfe, weil ich diesen Salzburg-Ausflug ohne ihn so genossen hatte, Spaß hatte und noch dazu so spät nach Hause gekommen war. Ich brach fassungslos vor ihm zusammen und wusste nicht, was da geschah. Ich war mir keiner Schuld bewusst. Zum ersten Mal lag ich heulend auf Knien vor einem Mann und versuchte mich zu rechtfertigen, zu erklären und zu überzeugen, warum diese Veranstaltung für mich wichtig gewesen war.

Doch das war noch nicht alles. Als ich nicht nur meine Fassung, sondern bereits auch meinen Stolz und meine Würde komplett verloren hatte, wurde ich auch noch beschuldigt. Wofür? Dafür, dass er aus Frust über mein Verhalten mit der Freundin seiner Schwester im Bett gelandet war. Das hätte ich nun davon.

Ohnmacht, Wut, Trauer, Enttäuschung. Ich weiß nicht, welcher Mix aus Emotionen mir meinen ersten Nervenzusammenbruch beschert hatte. Ich war nicht mehr „Frau" meiner Sinne. Ich zitterte, bebte, schrie und schluchzte zugleich. Mein damaliger Nachbar erzählt mir heute noch zutiefst erschrocken, dass er mich nie so erlebt hatte, wie an diesem Morgen. Und Blanco? Er ließ mich einfach in meinem Elend alleine.

Es folgten mehrere Versuche, diese Beziehung zu retten. Ich hängte mich wie eine Marionette an diesen Mann, und er genoss es, mich zu lenken. Ich ließ es geschehen, immer in der Hoffnung, dass er doch irgendwann verstehen müsse, dass ich keine Schuld hatte an dem, was da passiert war. Er trieb es auf die Spitze und verabredete sich immer wieder heimlich mit zwei Mädels, die ihn ganz offensichtlich um den Finger wickeln wollten.

Ich redete mit unzähligen Freunden, versuchte allen möglichen ihm nahestehenden Menschen meine Version der Geschichte zu erzählen, und hoffte auf ein Einsehen, auf eine Erkenntnis, dass er einsah, welchen Fehler er da gemacht hatte. Es gab nie einen Grund zur Eifersucht, und ich wollte um alles in der Welt genau mit diesem Mann wieder so glücklich sein, wie im ersten Jahr unserer Beziehung. Ich strudelte mich immer tiefer in diese Vorfälle hinein, zu denen permanent neue abstruse Geschichten hinzukamen. Ich nährte sie mit Energie, indem ich sie ständig mitteilte und somit immer und immer wieder durchlebte. Ich konnte nicht loslassen, weil ich verstehen wollte. Immer und immer wieder.

Noch lange nach unserer Trennung brach ich mehrmals körperlich und psychisch zusammen. In den nächsten zehn Jahren war Blanco und meine Erfahrungen mit ihm immer wieder ein Thema in diversen Therapien und im Coaching. Dennoch bin ich heute dankbar über dieses krasse Erleben, diente es mir doch als Grundlage für viele, viele Erkenntnisse, die ich heute unter anderem mit dir teilen möchte.

Es gibt absolut nichts zu rechtfertigen, nichts zu erklären und nichts zu beweisen. Du bist nur dir selbst gegenüber verpflichtet. Du selbst musst tief in den Spiegel sehen können und dir offen, nackt und ehrlich begegnen. Dein Herz sollte immer rein sein, dein Handeln und Tun aus dieser Reinheit entspringen.

Es ist nicht wichtig, wie viele Menschen auf deiner Seite stehen, dir Recht geben oder zu dir halten. Keiner kann durch deine Augen sehen, deine Gefühle fühlen und auch nicht deine Seele durch dein Herz spüren. Es ist immer nur deine ganz individuelle Sicht auf die Ereignisse, die durch deinen individuellen ausgeprägten Filter deiner Wahrnehmung läuft.

Jedes Mal, wenn du die Geschichte zum x-ten Mal erzählst, gibst du den Ereignissen Energie, und die damit verbundene negative Schwingung wird mehr und mehr genährt. Sie breitet sich in dir und in deiner Aura aus, frisst sich fest. Geht es dir so besser? Nein, die Situation, über die du dich aufregst, ist vergangen. Du kannst sie und auch die handelnden Personen darin nicht mehr ändern. Die Erfahrung, die dazu geführt hat, dass du Widerstand gegen das Gefühl aufgebaut hast, ist dramatisch, nicht aber das Gefühl selbst.

Es geht auch nicht darum, die Wut mit dem Verstand intellektuell zu erklären, sondern das Gefühl dahinter zu erkennen, zu fühlen, zu durchleben und dann zu integrieren. Gehe nicht in den Widerstand, versuche nicht zu kontrollieren oder etwas von dir fern zu halten, denn das kostet unnötige Kraft.

Du kannst allerdings dankbar dafür sein, diese Erfahrung gemacht zu haben und dich fragen, was du daraus lernen darfst. Sieh die für dich schlimmen Erfahrungen als Geschenk. Ja, das ist jetzt sicher nicht, was du hören möchtest, aber ich werde dich immer wieder daran erinnern. Und es hat nichts mit einer rosaroten Brille zu tun. Es geht nicht darum, schwierige Lebenssituationen zu beschönigen. Es geht darum, zu erkennen und zu verstehen, wo du diesen Baustein in deine eigene Persönlichkeit einbaust.

Die nächste lehrreiche Beziehung mit Ritschy hat mich dann weitere acht lange Jahre meines Lebens gekostet. Es gab immer wieder Chancen auszubrechen, aber ich habe sie nicht genutzt. Zu dem Zeitpunkt war weder meine Weisheit, noch meine Fähigkeit meiner inneren Stimme zu vertrauen, ausgeprägt genug, um zu verstehen, was ich mir hier wieder erschaffen hatte.

Bezüglich meines eigenen Lernprozesses, meiner Persönlichkeitsentfaltung und -entwicklung sehe ich allerdings auf sehr wertvolle Jahre zurück. Keine Sorge, ich werde dich jetzt nicht mit endlosen Geschichten langweilen. Es gibt aber einige wertvolle Hinweise, die dir, lieber Leser, eventuell eine lange Lernzeit ersparen könnten.

Das sind alles keine für jedermann geltenden absoluten Verhaltensregeln. Ich möchte einfach Hinweise geben, mit denen du eventuell in Resonanz gehst und die dir in deiner eigenen Situation behilflich sein könnten.

In diesem Kapitel meines Lebens geht es um Authentizität, klare Grenzen und die Spiegelgesetze.

Ritschy war von Anfang an IMMER da. Kam ich nach Hause, stand sein Auto schon vor meiner Tür. Ich hatte viele Freunde, er hatte jetzt mich. Mich allein. Einfach nur mich. Ich war abends unterwegs mit Kursen oder einer Freundin und er saß zuhause. Immer. Kein Bier nach der Arbeit mit Kollegen, kein Ausflug mit dem Rennrad mit früheren Fitnessstudio-Bekannten, keine Clique, keine Freunde. Das konnte nicht gut gehen.

Gespürt habe ich das von Anfang an. Ein ungutes Gefühl drückte auf meinem Solarplexus rum. Wie eine Vorahnung, dass mir das Alleinsein genommen, oder extrem eingeschränkt bzw. gar nicht mehr möglich sein würde. Und ich brauchte das so sehr. Regenerieren, Auftanken, laut Musik hören, Meditation, oder einfach mal nur Stille. Und ich hatte das Gefühl ignoriert, hatte mich damit abgefunden, nichts gesagt, keine klaren Grenzen gesetzt. Ja, das konnte nicht gut gehen. Meine Seele brauchte Raum und Platz. Ich ertrug zu guter Letzt nicht nur Fußball und Formel 1, sondern auch jeden Abend den PC als Fernsehersatz. Ich kochte innerlich darüber, mit welcher Selbstverständlichkeit und Rücksichtslosigkeit er sich diese Freiheit nahm und ich in unserer kleinen Wohnung keine Chance hatte, ja regelrecht gezwungen wurde, den Lärm zu ertragen. Meine Grenzen wurden eindeutig überschritten. Aber Vorsicht: nicht er hat mir das angetan. Nein: ich selbst habe es zugelassen.

Das ist eine enorm wichtige Erkenntnis und bringt dich, lieber Leser, vom Opferdasein hinein ins Handeln.

Suche nicht die Schuld beim anderen. Es ist DEINE Aufgabe für dich zu sorgen. Kommuniziere klar und wertschätzend deine Grenzen und sorge dafür, dass diese nicht permanent übertreten oder immer mehr ausgeweitet werden. Du spürst diese Überschreitung wenn du ganz ehrlich zu dir bist und hinspürst. Es ist ein ungutes Gefühl, so ein leises „Autsch". Ein kurzes Fingerheben deiner Seele. Dein Verstand versucht dich mit manchmal unglaublich lächerlichen Argumenten zu überzeugen, dass das alles übertrieben ist und dass du dir da was einredest. Der Verstand stopft alle Löcher mit Argumenten zu, die bei näherer Betrachtung nicht halten, was sie versprechen. Er tut dies, um dich nicht ins Gefühl kommen zu lassen, was unangenehm sein kann. Klar, dieses STOP dem anderen gegenüber ist oft unangenehm, kostet Mut und Energie. Aber genau das sind die Momente, in denen du innerlich und äußerlich wächst. Es sind genau die Momente, die deine Persönlichkeit prägen und festigen. Diese Momente sorgen für Vertrauen zu dir selbst, zu deiner Seele. Du wirst immer mutiger dich mitzuteilen und wirst auch für dich selbst immer klarer. Und das Beste ist, dass auch die Welt und die Menschen um dich herum klarer werden.

Zu dieser Klarheit gesellt sich heute auch noch die Freiheit, nichts verteidigen, nichts rechtfertigen und nichts erklären zu müssen. Das Fundament einer guten Beziehung ist Vertrauen und, darauf aufbauend, ein gegenseitiges Respektieren und Akzeptieren der Welt, bzw. der Insel des Anderen. Heimliches Handy- und E-Mails-Lesen geht gar nicht. Wer das tut, der sollte sich überlegen, welches Problem er selbst hat. „Eifersucht ist die Angst vor dem Vergleich", oder „Eifersucht ist eine Sucht, die mit Eifer sucht, was Leiden schafft".

Wirst du vom Partner dann auch noch mit den Inhalten des Gelesenen und daraus aberwitzig interpretierten Geschichten konfrontiert oder ihretwegen zur Rede gestellt, dann solltest du, an diesem Punkt angekommen, ein klares NEIN aussprechen. Vor allem dann, wenn du dir selbst keiner Schuld bewusst bist und dich der Andere mit seinen Hirngespinsten und Eifersuchtsphantasien an die Wand stellt. Ich schäme mich heute für mein damaliges Verhalten, mich in solchen Situationen ohnmächtig, fassungslos und heulend, auf Knien, klein und unterwürfig, versucht habe zu verteidigen. Wo war mein Stolz? Was habe ich da zugelassen? War ich eigentlich noch ganz bei Sinnen?

Heute würde ich erhobenen Hauptes sagen „hier ist die Tür, Du kannst gehen".

Von Bruno Würtenberger habe ich gelernt: Du bist nie schuld, aber immer verantwortlich. Du selbst erschaffst deine Realität. Und somit kannst du auch alles wieder auflösen. Suche nicht in den Umständen im Außen, sondern in deinem Bewusstsein. So wie du tief in dir fühlst, so gestaltet sich dein Leben, dein Umfeld. Die Realität ist der Spiegel deines Bewusstseins. Wut ist nur eine Reaktion auf etwas, eine starke Emotion.

Über diese Wut, die sich letzten Endes durch mehrere solcher extremen Geschichten aufgestaut hatte, Geschichten, von denen ich viele erzählen könnte, und über diese Wut, die sich in voller Wucht gegen den Partner richtete, habe ich durch einen guten Freund ein riesengroßes „Aha-Erlebnis" gewonnen. Dieser Freund wurde mir wohl vom Himmel geschickt. Genau in dem Moment habe ich exakt diese Lektion gebraucht, die mir in meiner weiteren Entwicklung einen Riesensprung ermöglicht hat. Hinzu kam das Buch „Radikale Selbstvergebung" von Colin C. Tipping. Endlich hatte ich was verstanden: Die Wut, die ich gegen Ritschy im Bauch hatte, war meine eigene. Ich war wütend auf mich selbst, weil ich diese Situation immer noch aushielt, hinnahm und die Beziehung bis aufs Messer verteidigte.

Und SEIN Verhalten wurde ja immer dreister, abartiger und unverschämter. Klar, ich hielt das alles aus, obwohl alle Freunde, meine Eltern und Kollegen, die so einiges mitbekamen, nur noch den Kopf über mich schüttelten, während ich an der Beziehung festhielt und sie vehement verteidigte. Meine arme kleine Seele hatte eine unbändige Wut auf die Sandra, die das alles zuließ.

Als ich das erkannt hatte, begann mein Leben Fahrt aufzunehmen. Der Knoten war geplatzt und es war mir urplötzlich klar, dass mir diese Wut und dieses Aushalten der ganzen Beziehung eine enorme Menge an Energie von meinem energetischen Konto raubte. Logisch, dass ich keine Kraft mehr hatte für andere Dinge, wenn mich allein das Aushalten meiner Lebenssituation so viel

Kraft kostete. Das musste ich ändern. Ich konnte noch so viel Nahrungsergänzungsmittel einnehmen, für ausreichend Schlaf sorgen, meditieren und Yoga üben. Es würde alles nichts nützen.

In meiner grundsätzlichen Lebenssituation lag mein größter Energieverlust. Energieverlust, um im täglichen Kampf zu bestehen. Energieverlust durch den Aufbau eines imaginären Schutzes, all das irgendwie zu ignorieren, den Ärger und die Fassungslosigkeit zu schlucken. Energieverlust, der mir die Lebensfreude raubte.

Ich war noch nie so klar und entschlossen, JETZT mein Leben zu ändern. Und tatsächlich öffneten sich durch diese Klarheit plötzlich Türen und Tore, die es mir ermöglichten, aus dieser Beziehung auszusteigen, trotz gemeinsamer Eigentumswohnung und dem nahezu aussichtslosen Unterfangen eine bezahlbare Wohnung zu finden. Mein Verstand hatte mich zurückgehalten. Klar, der hatte viele Argumente einen so radikalen Schritt auf keinen Fall durchzuziehen. Die Ereignisse und glücklichen Zufälle bahnten mir Wege, schickten mir Menschen und Mittel, die ich mir nie hätte träumen lassen. Es dauerte keine zwei Monate und ich war ein neuer Mensch, lebte in einer wunderschönen kleinen Wohnung, nur zwei Straßen weiter. Und ich war glücklich. Meine Energie kam zurück und ich wusste gar nicht wohin damit.

Ich fühlte den Unterschied am eigenen Körper und begriff, was es bedeutet, wenn Energie in einer unglücklichen Situation gebündelt und gefangen gehalten oder eben einfach aufgebraucht wird. Kein energetischer Stau mehr und das Leben floss in einer lange nicht mehr erlebten Leichtigkeit dahin. Ich war zum ersten Mal wieder richtig glücklich. Mein Herz und meine Seele lachten Hand in Hand.

Wie oft habe ich eine zweite Chance erhalten? Da war mein Umzug von Hof nach Augsburg, mehrmalige Umzüge mit Ritschy und sogar der Kauf einer Eigentumswohnung.

Das Universum liefert immer exakt das, was du dir bestellst. Also sei vorsichtig mit deinen Äußerungen und Wünschen, die über die Herzensebene abgeschickt werden. Ich brauche keinen Mann, der permanent bei mir auf der Matte steht, der von mir bespaßt werden möchte und der Tag und Nacht alles für mich tut. Ich brauche - wenn überhaupt - einen Mann, der selbst mit beiden Füßen in seinem Leben steht, der etwas darstellt, der den Raum mit seiner ganzen Persönlichkeit ausfüllt. Ein Mann, der klug und intelligent ist, von dem ich lernen kann und der viele eigene Interessen und Hobbies hat. Natürlich muss er für gemeinsame Events sportlich sein, kulturell interessiert und mit mir stundenlang diskutieren können. Und er sollte nicht permanent verfügbar sein, denn das gibt mir wieder Freiraum für meine eigenen Themen.

Gibt es solche Männer? Die Antwort lautet: „Ja, Beziehungsstatus: verheiratet". So trat Pete in mein Leben.

Drei Jahre hat diese Affäre gehalten, die mir so viele wunderschöne Momente, Stunden und Tage geschenkt hat. Ich habe in dieser Beziehung so unglaublich viel Liebe, Nähe, Wertschätzung und Anerkennung wie noch nie in meinem Leben erlebt. Diese einzigartigen Erfahrungen haben mich so tief berührt und mich spüren lassen, was echte Liebe - aus dem Herzen heraus gelebt - bedeutet. Es war immer ein intensives Erleben im Hier und Jetzt, ein Auskosten des Augenblicks mit allen Sinnen. In diesen Begegnungen waren wir beide immer vollständig präsent. So schenkte uns das Leben sehr intensive, unvergessliche und glückliche Momente.

Ich lernte loszulassen und war nach jeder Begegnung so erfüllt und energetisch aufgeladen, wie ich es noch nie in meinem Leben gespürt hatte. Ich spürte keine Trauer, keinen Schmerz, nur eine unendliche Dankbarkeit, wenn er mich nach einem gemeinsamen Tag wieder verlassen musste. Ich war von Anfang an nur ICH selbst, war absolut ehrlich, offen und bereit. Bereit, mit diesem Mann alles zu erleben, was mir bisher meine Erziehung, meine Scheu und Scham nicht erlaubten. Ja, dieser Mann hatte meine Seele sehr tief berührt und ich spürte eine Verbindung, die so selbstverständlich und unkompliziert wie ein Fluss dahinfloss.

Wir haben beide liebevoll, achtsam und immer aufrichtig füreinander, Grenzen und Ketten gesprengt. Ich weiß jetzt, was bedingungslose Liebe bedeutet, wie sie sich in der Begegnung mit einem Mann anfühlt. Wir beide kosteten das erste Mal im Leben von der Süße unendlicher Momente nackter Begegnungen. Körperliche Begegnung auf spiritueller Ebene. Zwei Herzen, die sich über ihre Körper berührten.

All die Jahre war das Thema Sexualität eher ein schamhaft belastetes Randthema in meinem Leben. Geprägt von der Erziehung der damaligen Zeit und meinen eher nicht so prickelnden Erfahrungen. Loslassen lernen, Kontrolle abgeben. Das hatte ich mir nie richtig erlaubt. Jetzt durfte alles an die Oberfläche, jede Lust durfte gelebt werden. Etwas Verborgenes in mir erwachte.

In der Zeit begann ich Bücher über tantrische Lebensweise zu studieren. Ich betone „Lebensweise". Sexualität spielt im Tantra nicht die größte Rolle, sondern ist nur ein Teilgebiet einer sinnlichen, gefühlsbetonten Art, das Leben zu leben und zu genießen. Somit schließt sich der Kreis zu meinen Erkenntnissen, Lehren und Erfahrungen aus der Welt des Yoga/Buddhismus und Schamanismus. Danke, lieber Pete, dass ich diese so intensive Zeit mit Dir erleben durfte.

Meine Ansprüche an einen Mann an meiner Seite haben nun eine weitere Ebene erfasst. Das macht es sicherlich nicht einfacher, aber ich werde immer klarer und sicherer darin, was ich selbst bin, was mein Leben ausmacht und wer letzten Endes darin einen Platz findet. Ich spüre, wem ich auf Herzensebene begegne und wer nur körperliches Interesse zeigt. Ich kann klar und selbstbestimmt entscheiden, wem ich mich öffne. Liebe und Sexualität ohne ein geöffnetes Herz beschert nicht annähernd so intensive Gefühle wie die volle Hingabe zweier Seelen auf der Ebene des Herzens. Wow!

Ein Zitat aus David P. Pausweks „Der Andersmensch" beschreibt mein Erleben und das, was ich als Botschaft transportieren möchte, sehr treffend:

„LIEBE, damit ist nicht die körperliche Nähe, sondern ein offenes Herz gemeint. Durch die vollkommene Öffnung Deines Herzens entsteht Nähe. Nur wenn Dein Herz offen ist und Du die Liebe nicht in eine bestimmte Form zwängst, ist wahre Liebe möglich.

Wahre Liebe sieht alle Dinge, alle Menschen so, wie sie wirklich sind".

So, jetzt aber zu der zu Beginn des Kapitels „Meine Beziehungen" angekündigten Erzählung zu meinem ersten Freund - ausnahmsweise in zwei Versionen: Meine und seine. Chronologisch gehört sie an den Anfang, aber, aufgrund der unerwarteten, gegenwärtigen Fortsetzung, widme ich ihr ein eigenes Kapitel.

8) Ein ungewöhnliches Revival meiner ersten großen Liebe

Meine Version:

Wood war fast drei Jahre älter als ich, war reif und vernünftig und zudem noch attraktiv. Er hatte sich nach der Fachoberschule für eine Lehre entschieden, um möglichst viel Praxiserfahrung für ein anschließendes Studium zu sammeln. Ein Mann mit klaren Zukunftsperspektiven, „der perfekte Schwiegersohn" eben, wie er sich selbst immer bezeichnete. Selbst meine Eltern konnte er hiervon überzeugen. Von der Statur her war er nur unbedeutend größer als ich, hatte einen kräftigen Körperbau und kurze, braune Haare. Einzigartig aber war sein schelmisches Grinsen. Dabei zog er den rechten Mundwinkel spielerisch nach oben und kniff gleichzeitig das rechte Auge etwas zu. Bestimmt ein Grund, warum ich mich in ihn verliebt hatte und vielleicht „immer noch" oder „wieder" bin? Diese Geste hat für mich heute noch etwas erotisch Anziehendes, etwas Geheimnisvolles, etwas Verführerisches.

Meine damals beste Freundin Mia hatte Kontakt zu einer einge-
schworenen Männer-Clique von vier Jungs, die in ihrem Charakter unterschiedlicher nicht sein konnten. Einer davon war
Wood. Ich kann mich absolut nicht mehr daran erinnern, wie
genau wir zueinander gefunden haben, nicht mal an den ersten
Kuss. Schon seltsam, ... da muss ich doch mal nachfragen, oder?
Mich erstaunt das, denn der Kuss ist für mich wie ein Türöffner,
so ein kleiner Check-up.

Wood war der erste Mensch und auch der erste Mann, der mich
wirklich ernst genommen hat. Er hat mir gezeigt, wie wertvoll ich
bin. Er hat mir sehr viel Zuneigung entgegengebracht. Er hat
mich aus der Watte, in die mich meine Eltern eingepackt hatten,
liebevoll ausgepackt. Und er hat die Frau in mir erweckt und
begehrt. Dieses neue Gefühl hat mich zwar etwas verunsichert,
aber durch seine sanfte, verständnisvolle Art habe ich mich getragen gefühlt. Mit ihm durfte ich auch mein „erstes Mal" erleben. Völlig ungeplant und für mich nicht besonders spektakulär.
Ich war damals noch immer scheu und zurückhaltend, denn Offenheit bezüglich Sexualität haben mir meine Eltern nie vorgelebt.

Mit Wood erlebte ich zwei traumhaft schöne, abenteuerliche Zelt-
Urlaube - in Südfrankreich und ein Jahr später in Italien. Sogar
meine Eltern waren entspannt, denn Wood genoss ihr vollstes
Vertrauen. Er war ja der „perfekte Schwiegersohn".

Diese wundervolle Erfahrung meiner ersten großen Liebe, die
fast drei Jahre hielt, prägte mich für mein Leben. Ich durfte Wertschätzung, Vertrauen und ehrliches, gegenseitiges Interesse er-

fahren und erleben. Dafür bin ich sehr dankbar, denn diese Werte bilden für mich heute noch die Basis einer gesunden und liebevollen Beziehung. Wood hat aus dem kleinen Mädchen eine Frau gemacht, die sich nicht verstecken muss. Er hat mir ein gesundes Selbstvertrauen und einen Wert als Mensch vermittelt.

Getrauert habe ich nie. Es gab keinen Streit, keinen Groll, kein ewiges Hin und Her und keine gegenseitigen Verletzungen. Auch das erkenne ich heute, mit Hochachtung vor uns beiden, an. Die Trennung war zu dem Zeitpunkt aus meiner Sicht genau richtig. Jeder von uns musste seinen weiteren Weg finden. Wood in seinem Studium in Hamburg und ich im Berufsleben als Banklehrling. Ein weiterer neuer Schritt in meine Zukunft.

Doch dann passierten im Fluss des Lebens unglaubliche Dinge, deren tiefere Bedeutung ich bisher noch nicht erkannt habe. Das hatte ich bereits erwähnt: Du musst nicht immer alles verstehen. Manches offenbart sich oft erst später im Leben, manchmal auch gar nicht. Durch mehrere Zufälle und passend arrangierte Umstände haben wir uns vor drei Jahren wieder getroffen. Alte Gefühle drängten in einer neuen Art durch unsere Körper und unsere Seelen. Da wollten verdrängte oder nicht (mehr) gelebte Gefühle ans Licht, wollten leben. Alles war so sehr vertraut und doch so fremd und neu. Für mich ein Feuerwerk der Gefühle. Ein Geschenk. Die alte Liebe durfte so nach über 20 Jahren ein kurzes, aber sehr intensives Revival erfahren, durfte noch einmal in voller Intensität auflodern, um sich dann liebevoll als Erinnerung in unsere Herzen zu setzen. Eine Erfahrung für die ich sehr, sehr dankbar bin.

Ich bin unendlich tief bewegt und dankbar, seine Gedanken in mein Buch, in meine Geschichte einfließen lassen zu dürfen. Diese Offenheit ist für mich nicht selbstverständlich. Danke, lieber Wood. Und auch in dieser Begegnung ist noch nicht das letzte Wort gesprochen, nicht das letzte Gefühl ausgelebt.

Seine Version in einem Brief an mich in 2 Teilen

Teil 1:

Wie kamen wir beide zueinander? Genaueres sollte eigentlich Dein Tagebuch von damals wissen. Ich dachte Du hättest es geführt. In meinen Kopf kommen ein paar Bilder, die ich irgendwie versuche zu beschreiben: In der Schule hatte ich Dich oft gesehen. Ich glaube, dass der „Durchbruch" ein Spaziergang am Untreusee war, dort auch der erste Kuss. Das besondere für mich war und sind noch immer Deine Leichtigkeit und Unbekümmertheit. Deine Eltern waren im Urlaub und Du zeigest mir auf Deiner Klappcouch was eine Frau wie Dich so besonders macht.

Die Bilder sind jetzt noch da in meinem Kopf. Ich erinnere mich an Gespräche mit Dir, an Küchengespräche mit Deiner Mutter, dabei wollte ich eigentlich immer nur mein Mädchen in meinen Armen halten. Das erste Mal, ein Freitagabend. Dafür was es an Bedeutung hatte, ging es viel zu schnell. Ich war von der Frau an meiner Seite begeistert, hab' Dich angesehen. Danach Zedtwitz. Wolke 7 (*Anmerkung der Autorin: Zedtwitz war die „In-Disco" in dieser Zeit).

Anmerkung: Ich gebe zurzeit meinen Töchtern den überaus wichtigen Hinweis mit: „Der Mann, der glaubt, er habe „die Situation" im Griff, dass im Zusammensein mit einem Mädel „nichts passieren" wird, der hat wenig Erfahrung und ihr solltet beide nicht auf dessen Einschätzung vertrauen. Nein, ein Mann in diesem Alter hat „es" nicht im Griff" (*Anmerkung der Autorin: es geht hierbei um nichts anderes als das Thema „Verhütung" - wohl immer noch ein Thema, das in seinen Augen zu wenig Beachtung findet).

Es folgte die Zeit des miteinander Erwachsenwerdens, Hütte zu zweit, Hütte im Winter mit Schwester und deren Freund, Hütte mit Crew. Ich hatte Dich sehr gerne um mich, sehe auch heute noch Bilder von uns, überall, auch bei mir in meinem Bett. Wir erschlossen uns gemeinsam die Welt der Erwachsenen. Du kamst heraus aus Deiner behüteten Welt und mein Papa mochte Dich.

Der erste gemeinsame Urlaub in Frankreich am Atlantik war super. Du hast Deine Freiheit von zu Hause genossen. Und wieder erinnere ich mich an Bilder vom Leuchtturm, Bilder vom Strand, wir beide im Zelt, R.E.M.-Musik im Kopf. Kurz: Wir lebten die Leichtigkeit des Seins.

Dann der Alltag: Du im Abi-Stress, musstest lernen. Ich stellte mir immer wieder die Frage, wie ich das alles auf die Reihe bringen sollte? Wir sahen uns seltener und ich fragte mich, was wohl später, nach Deinem Abi, aus uns werden würde?

Für mich war die Lehre cool: Arbeiten, Geld verdienen, die Clique - eine tolle Zeit. Aber klar war auch, dass ich wegmusste, um beruflich weiterzukommen. Doch wie reagiert die Frau meines Herzens? Du konntest zu dem Zeitpunkt keine Aussage treffen,

Du wusstest nichts über Dein Leben. Du wusstest auch nicht wo Du hin solltest. Eigentlich wolltest Du irgendetwas mit Deinem Sport machen, aber es hat Dich niemand in die Richtung getreten. Ich nicht und Deine Eltern waren froh, Dich sicher in der Bank zu sehen.

Unser letzter Urlaub. Unser Eisverkäufer-Freund schickte uns nach Umbrien, nach Rom, und es war sehr schön. Doch schon in Italien stand ich nachts heulend am See und spätestens am Kalterer See wusste ich, dass Du Dich bereits weit von mir entfernt hattest. Ein Bild vom Ende unserer Liebe habe ich nicht. Wann genau das Ende war, kann ich Dir nicht sagen.

Als ich im ersten Semester wieder aus Hamburg zurück kam merkte ich, dass vieles anders war. An Weihnachten gab es so ein „Aufflackern" mit Dir. Ich denke, dass Du da schon mit Icy, meinem damals besten Freund, zusammen warst. In der Zeit ging es mir richtig dreckig: Ich hatte meine Freundin und meinen Freund verloren. Es war einer der tiefsten Punkte in meinem Leben. Mein Studium lief nicht sehr erfolgreich, und Hof war für mich gestorben.

Der letzte Blick auf Dich war im Sommer 1994, als wir den weißen VW Bus ausgebaut haben. Da kam das Mädchen mit der Leichtigkeit auf dem Fahrrad an meinem Elternhaus vorbei und erkundigte sich, was wir da denn vorhatten. Das war mein letztes Bild von Dir für 25 Jahre. PAUSE

Teil 2:

Irgendwie fehlte in diesem Leben ein Puzzlestein. Ich suchte Dich im Netz, in XING. Ich hatte Dich gefunden und wir trafen uns. Das erste Mail nach 25 Jahren. Du warst in „Trennung". Eine erste Umarmung nach 25 Jahren. Energieströme zwischen Mann und Frau, die ich nicht kannte, eine Vertrautheit, die unbeschreiblich war. Ich spürte Wärme in meinem und Deinem Herzen.

Dann etwas später ein weiteres Treffen. Ein Besuch beim Italiener, bei Dir in Augsburg. Baden im See. Deine Augen. Diese Vertrautheit war immer noch da. Ich musste Dir nichts vormachen, Du hattest in mir gelesen. Dein Körper, Deine Art. Ich war hin und weg. Deine Nähe, Dein Geruch. Ich wollte nicht weg, ich liebte diese Frau!

Die Puzzlesteine des Lebens fügten sich allmählich zueinander, als hätten sie immer schon auf einander gewartet. Deine Wohnung: es gab kaum einen Ort, an dem ich mich so warm und wohl gefühlt habe. Der Morgen bei Dir. Ja, diese Frau suchte ich.

„Arbeitstitel Gartenhütte". Es war ein „spontan geplanter" wunderschöner Tag, an dem wir uns gemeinsam dem kaputten Dach Deiner Gartenhütte widmeten. Abriss, Einkauf, Neubau. Und dann der Punkt, an dem ich mich nicht mehr im Griff hatte. Ich ertappte mich dabei, alles loszulassen. Ich wollte mit Dir nur „erleben". Aber: keine Kinder mehr, keine neue Verantwortung.

Somit bleiben wieder Fragen über Fragen: Was hält uns ab, davon noch eine Seite weiter zu schreiben? Möchtest Du diese Wärme erneut zwischen uns beiden spüren?

Es kann durchaus sein, dass ich jetzt das „Thema verfehlt" habe. Ich habe mein Herz aufgeklappt und auf die Tasten gelegt. Noch Fragen?

Drittes Kapitel - Die „Repeat-Taste" des Universums - Eine wahre Geschichte

1) Holland - Lass dich treiben im Fluss des Lebens

Alles, was ich wollte, waren drei wunderschöne Tage mit einem guten „Freund+" genießen. Nach sechs Wochen Aufenthalt in einer Psychosomatischen Klinik nach meinem Burnout war meine Lebensfreude neu erwacht und ich hatte immer noch alle Zeit der Welt, mein neu gewonnenes Leben in vollen Zügen auszukosten und jeden Moment zu genießen. Die körperlichen und psychischen Folgen eines solchen Knock-outs sind nicht zu unterschätzen und daher war es auch so wichtig, noch ausreichend Regenerationszeit zuhause auszukosten. Diese Freiheit des „Krankenstandes" war nun mein wertvollstes Geschenk. Doch diese Erfahrungen und die daraus gewonnenen Erkenntnisse beschreibe ich in einem separaten Kapitel. Hier geht es jetzt erst einmal um das neue Leben.

Klären wir als erstes die Frage, welche Merkmale ein „Freund+" aufweisen muss, um als solcher deklariert zu werden. Ein solcher Sonderstatus ist natürlich einzigartig und hat in diesem Fall eine fast zwanzigjährige Vorgeschichte. Tausend Mal berührt. Irgendwann einmal war die Grenze der Zurückhaltung so verschwommen und das Feuer der Leidenschaft durfte brennen. Ohne Ansprüche, ohne Erwartungen, ohne Verpflichtungen. Entzündet war es ja schon über all die Jahre.

Leicht und unbeschwert folgte ich im Oktober 2019 meinem „Freund+" mit dem Zug nach Köln, wo er bereits einige Tage beruflich im Einsatz war. Ich liebe lange Zugfahrten, in denen ich Zeit habe zu lesen, zu schreiben, oder einfach nur die Seele aus dem Fenster baumeln zu lassen. Die herbstlichen Farben der Wälder, durch die vereinzelte Sonnenstrahlen den Weg in mein Gesicht finden, lassen mich lächeln und träumen. Das Leben ist schön, selbst im Zug. In Köln verbrachte ich erst einmal einen wunderschönen Tratsch-Nachmittag mit einer lieben Freundin und fuhr dann am Abend mit meinem „Freund+" „geschäftlich" weiter nach Holland, in ein kleines abgelegenes Städtchen.

Nach einer nahezu endlosen Suche nach dem Quartier, einem romantischen Abend zu zweit, einer intensiven, schlaflosen Nacht, kamen wir beide noch in den Genuss eines liebevoll ange- richteten Frühstücksbüffets. Der ältere Herr, dessen Quartier wir über Airbnb in Anspruch nahmen, liebte seine Rolle als Gastge- ber und verwöhnte uns dementsprechend, bevor der Himmel sei- ne Wolken beiseiteschob und uns in den ersten wärmenden Sonnenstrahlen auf die Reise in den neuen Tag entließ. Mein „Freund+" durfte eine innovative Firma besichtigen und vor mir lag ein Tag, in den ich einfach hineinträumen konnte. Endlos in der Sonne über die herbstlichen Stoppelfelder spazieren, in dem extravaganten kleinen Lädchen shoppen und Cappuccino-Pausen fürs Lebensgefühl. Herrlich!

Am späten Nachmittag folgte das Schicksal seinem Lauf. Mein „Freund+" rief mich zu der Gruppe, mit denen er die Firma be- sichtigt hatte, weil er mir unbedingt jemanden vorstellen wollte, der super witzig sei und eine Therapeutin aus Augsburg kenne. Neugierig gesellte ich mich zu den zwei Jungs aus Schwaben dazu und es entwickelte sich ein spontaner, lustiger Nachmittag, der alle ursprünglichen Pläne etwas durcheinanderbrachte. Kaffeepause und Besichtigung der urigen Unterkunft der beiden Jungs, anstatt Rückfahrt nach Köln. Wenn sich spontane Veränderungen aus Freude am Zusammensein entwickeln, dann werden eben Planungen dem Geschehen angepasst. Und die Zeit verflog, als würden wir alle uns schon ewig kennen. Dieser schräge und echt witzige Typ und ich hatten doch tatsächlich eine gemeinsame Bekannte: meine Freundin, die Schamanin.

Sportlichkeit, Abenteuerlust, spirituelles Bewusstsein und einfach verrückte Lebensfreude strahlte er aus. Er faszinierte mich und zog mich in seinen Bann. Ca. 1,70 m groß, braungebrannt, sportliche Figur und ein kleiner, knuffiger Bauchansatz. Für sein Alter absolut okay. Für mich ein Zeichen, dass jemand das Leben genießen kann und nicht akribisch jede Kalorie zählt und fanatisch trainiert. Seine dunklen, schon etwas lichten Locken wehten lustig im Wind und ich hatte das magische Gefühl, mich in seinen tiefen braunen Augen zu verlieren, darin abzutauchen, hineinzufallen, und so - über seine Augen - seine Seele zu berühren. Seine Seele berührte auch meine Seele.

Der letzte Funke sprang dann wohl über, als sich bei der Verabschiedung in seinen Armen sein weit geöffnetes Herz mit meinem zu verbinden schien. Was passierte hier? Den ganzen Nachmittag über hatte ich bereits mehrfach das Gefühl, mit ihm in einer Wolke zu schweben. Abgegrenzt von den Geschehnissen um uns herum. Mein „Freund+" und sein Kollege spielten in diesem Spiel nur noch am Rande als Statisten mit. Ihre Gespräche drangen nicht mehr an meine Ohren. Hätte dieser Typ mich jetzt an die Hand genommen, ich wäre ihm sofort in jede verrückte

Idee gefolgt. Aber da war ja noch mein „Freund+", der sich auf zwei weitere unbeschwerte Tage mit mir freute.

Meine glaubwürdige Müdigkeit als Resultat der letzten Nacht rettete die weitere Zweisamkeit zu meinen Gunsten. Ich konnte mich mühelos auf zwei ausgefüllte Tage mit „Freund+" einlassen, diese erleben und die gemeinsame Zeit genießen - eingeschränkt! Das „+" war natürlich in mir nicht mehr zu aktivieren. Meine aufgewühlten Gefühle folgten fortwährend leicht und verliebt, wie bunte Schmetterlinge, meinen Gedanken in die Begegnung mit dem Schwaben. Ein Hauch von Eros glitzerte fühlbar in meiner Aura. Diese neue Begegnung zog mich in ein starkes Energiefeld und drängte darauf intensiviert zu werden. Dafür sollte später noch genug Zeit zur Verfügung stehen.

Meine Erkenntnis: „Und kaum hast du die Antwort, da ändert das Leben die Frage". Immer dann, wenn du nichts erwartest, wenn du einfach nur im JETZT lebst, dir erlaubst, dich dem Fluss des Lebens hinzugeben, dann passieren Dinge, mit denen du niemals im Leben gerechnet hast.

Meine Botschaft: Genieße das Leben und lass dich im Fluss der Dinge treiben, wann immer es dir möglich ist. Sei offen für ALLES, was dir begegnet, und immer neugierig.

2) Die Begegnung auf der Brücke - Spüren, Fühlen, Erleben

Unsere zweite Begegnung sollte wieder auf neutralem, aber dieses Mal auf nationalem Boden stattfinden. Zwischen Schwaben und Bayern zog ein Wellnesshotel im Wald mein Interesse auf sich. Alles fühlte sich rundum klar und unbeschwert an. Als „Macherin" und Frau der Tat buchte ich spontan ein Zimmer. Er sagte zu.

In Stuttgart am Bahnhof zog mich die neue Brücke sofort in ihren Bann. Sie erschien mir wie ein Tor zum Himmel. Bestimmt zwei Meter breit schlängelt sie sich wie eine Mondsichel einige Meter nach oben zur nächsten Ebene. Ihre Konstruktion mit den Stahlseilen an den Seiten und über Dach erinnerte mich an eine Hängebrücke. Auf dieser Brücke wollte ich langsam in die Augen dieses Typs eintauchen, der mich seit unserer ersten Begegnung energetisch unter Dauerstrom versetzt hatte. Schritt für Schritt aufeinander zugehen, sich in die Augen sehen und nur spüren, was passiert.

Und es passierte sehr viel. Ich weiß nicht, wie lange wir im kalten Wind auf der Brücke standen, uns in die Augen sahen und der unsichtbare Energiekreislauf über unseren Atem zu fließen begann. Irgendwann berührten sich unsere kalten Hände und gleichzeitig unsere heißen Wangen. Unsere Nasenspitzen neckten sich gegenseitig und unsere hungrigen Lippen begannen ein sanftes und vorsichtiges Spiel. Neugierig forschend, sich schüchtern offenbarend und dennoch zurückhaltend - anfangs. Sich beim Küssen zu verlieren, ineinander zu versinken, ist für mich die Eintrittskarte zu jeder weiteren intimen Berührung. Und diese Eintrittskarte war mehr als gültig. Die Saaltüren zu einer neuen Vorstellung in meinem Leben öffneten sich. Ich war bereit für die Premiere. Durch den seichten Regen schritten wir wortlos Hand in Hand zum Hotel.

Hier hatte ich bewusst wahrgenommen, dass Herzen miteinander spre-
chen können. Es fließt immer Energie zwischen den Menschen. Stärker
oder schwächer. Es ist ein spannendes Erlebnis, sich auf das Spüren
einzulassen. Jeder Mensch fühlt sich anders an. Spiele dieses Spiel doch
mal. Nimm eine andere Person einmal bewusst nur über die Aura wahr.
Was fühlst du, wenn du ihr näherkommst? Was macht die Begegnung
mit dir? Wo spürst du? Was spürst du?

3) „k.o. Kriterien" auf der rosaroten Wolke

Die Küsse hielten ihr Versprechen und in der Unbeschwertheit
einiger lustiger Pannen war klar, dass wir beide in dieser Nacht
unsere Herzensverbindung mehr als vertiefen würden. Unsere
beiden Seelen hatten nun auch über unsere Körper zueinander
gefunden und waren bereit, unsere beiden Leben miteinander zu
verweben. Nur jetzt nicht darüber nachdenken, wie das alles
funktionieren soll. Aha, der Kopf schaltete sich ein. Das kenne ich
ja bereits. Moment, ich bin kein Mensch für eine Fernbeziehung.
Hey, mein Leben ist mehr als nur ausgefüllt. Und ja, ich liebe
meinen Garten, meine Bücher und Seminare und meine bereichernden Freundschaften. Ich hatte doch gerade erst wieder damit begonnen, mein Leben nach dem Burnout neu zu definieren,
mit Freude, Spontaneität und Liebe auszufüllen und kreativ neu
zu gestalten. Wo sollte ich jetzt Zeit für einen Partner abzwacken?
So ein „Freund+" war in diese offene, flexible Lebensweise wesentlich leichter integrierbar. Diese Argumente führte mir mein
Kopf sehr klar und nachvollziehbar vor Augen.

Clever, denn der Verstand möchte sich nicht ständig auf Neues einstellen. Er liebt Gewohnheit und Routine. Und diese versucht er permanent zu verteidigen.

Das k.o.-Kriterium Nr. 1 „Fernbeziehung" schob sich somit als erste graue Wolke zwischen die rosaroten Wolken meines Verliebtseins. Okay, das ist MEIN Thema, meine Herausforderung. Wenn er es wert wäre und ich auf mich achten würde, dann wäre ich bereit, das Preisschild zu ignorieren, es umzudrehen. Alles im Leben hat schließlich seinen Preis. Doch dieser schien schon beim ersten Hinschauen echt hoch zu sein.

Auf der Rückfahrt im Zug durchlebte ich noch einmal intensiv die Geschehnisse der letzten Stunden. Dieses Mal möglichst objektiv, bewusst und reflektiert durch die Brille meines mittlerweile wieder etwas klareren Verstands. Oh, nicht schon wieder der Verstand. Doch! Er ist ein hartnäckiger Zeitgenosse. Sofort tauchten einige Momente in meinem Bewusstsein auf, die irgendwie nicht in das Liebesgeflüster passten. Ich beschloss, exakt diese Situationen näher und gnadenlos ehrlich zu beleuchten. Also genau diese Momente, die abstruse, unangenehme Gefühle in der Magengegend, im sogenannten Sonnengeflecht, dem dritten Energiezentrum, auslösten. Unangenehme Gefühle, die sich also genau dort als Unwohlsein, als Druck bemerkbar machten. Interessanterweise genau in dem Chakra, in dem sich die Emotionen tummeln.

Ich bin mir sicher, jeder kennt diese Gefühle in dem Bereich des Körpers, oder?

Ich reflektierte also all die Situationen und Erfahrungen, in denen ich diese befremdlichen Bauchgefühle deutlich gespürt hatte. Auch diese bezeichne ich als „k.o.-Kriterien", da ich bereits ahnte, dass es genau die Verhaltensweisen, Werte oder Lebenseinstellungen sein würden, die sich später zu den schwierigsten Aufgaben in der Aufrechterhaltung dieser Beziehung entpuppen sollten.

Oft sind es nämlich genau die Dinge, die nicht heilbar sind, sich keinem Kompromiss unterwerfen können und dann zum Bruch, oder zur Trennung führen. Früher oder später - je nachdem wie zäh der eigene Kampf stattfindet. Und dabei geht es doch nur darum, die innere Stimme der Seele ernst zu nehmen, sie zu beachten, oder ihre sanfte, leise Stimme wenigstens wahrzunehmen. Die Seele kommuniziert aus dem Unterbewusstsein über unser Bauchgefühl.

Und unser Unterbewusstsein ist schlau. Es ist allwissend, denn es ist über unsere Seele mit der universellen Weisheit, dem kollektiven Bewusstsein verbunden. Ich bin überzeugt davon, dass es uns diese Warn- und die Stoppschilder schon in den ersten Begegnungen mit Menschen offenbart. Es stellt uns diese Schilder in Form von „komischen Gefühlen" entweder glasklar vor die Nase, bzw. unübersehbar deutlich in den Weg. Leider übersehen wir diese auf der rosaroten Wolke des Verliebtseins entweder vollständig, oder wir nehmen diese Warnungen zwar wahr, ignorieren sie, schieben sie erst mal beiseite. Wer kennt das nicht? Wir tun so, als ob wir diese wichtigen Schilder nicht sehen. Auf rosarote Wolken passen die ja auch irgendwie nicht drauf, oder? Verkehrsregeln und Verbotsschilder haben im siebten Himmel jedenfalls keinen Platz.

So, nun zu weiteren Beobachtungen, die mein Bauchgefühl mit „Achtung/Vorsicht/Autsch" markiert hatte, also weiteren k.o.-Kriterien.

k.o.-Kriterium Nr. 2: Musik und Videos auf meinem iPad ansehen macht Spaß, aber meine Videos stoßen auf wenig bis gar kein Interesse. Okay, Geschmäcker sind verschieden.

Wie wichtig sind mir meine eigenen Bedürfnisse? Wann, wie häufig und in welchen Situationen stelle ich diese zurück? Wie geht es mir dabei? Diese Fragen gehen auch an dich, lieber Leser.

k.o.-Kriterium Nr. 3: Das Führen von diversen aktiven, sehr ausführlichen Telefonaten (mit meinem Handy - seins war kaputt) während unserer wertvollen gemeinsamen Zeit war keine Seltenheit. Und das so ganz ohne „sorry, ist grad wichtig", oder „lässt sich jetzt nicht verschieben, okay für Dich?".

Ja, Kommunikation ist grundsätzlich wichtig, doch viel wichtiger ist es, Prioritäten zu setzen. Ein guter Hinweis an den Gesprächspartner wäre zum Beispiel: „Können wir das Gespräch ein anderes Mal vertiefen? Ich bin gerade nicht alleine".
Mir ist klar, dass Prioritäten individuell sind, aber wäre es nicht wertschätzender, diese vorher mit dem anderen zu klären?

k.o.-Kriterium Nr. 4: Meine Einladung zum kurzen Espresso im Stehen wird zu einem erweiterten Espresso, einem zusätzlichen Cappuccino und einem süßen Teilchen. Vor meiner Nase erhöht sich die Rechnung, ohne dass ich einschreiten konnte. Hey, habe ich das „Danke" überhört, oder die Frage „Geht noch ein zweiter Cappo, ist das okay für Dich?" Oder besser noch „Komm, wir haben noch Zeit, der zweite geht auf mich". Ich lade ja echt gerne ein und ich gebe sehr gerne, aber ich lasse mir ungern einfach etwas nehmen, ohne gefragt zu werden. Passt in dieser Situation das Sprichwort „Ich reiche Dir meinen kleinen Finger und Du greifst nach meiner ganzen Hand"?

Hier stelle ich nicht nur mir, sondern auch dir, lieber Leser, die Frage: In welchen Situationen lässt du Grenzüberschreitungen zu? Ist es dir überhaupt bewusst, dass du es tust?
Oft erkennen wir ein solches Verhalten nämlich erst hinterher als Grenzüberschreitung, weil wir in dem Moment einfach irritiert, verwundert und verdutzt, und demzufolge dann verunsichert und sprachlos sind. Aber genau das ist wieder der Moment, in dem die Seele mit uns redet und sich mit dem „unangenehmen Gefühl" bemerkbar macht.

k.o.-Kriterium Nr. 5: Drei Stunden Dinner bei Kerzenlicht beim Italiener. Verteilung der Redezeit 95 zu 5% für ihn. Ich höre gerne zu, aber das war schon eine harte Belastungsprobe. Vielleicht hat ihm lange schon keiner mehr so geduldig und aufmerksam zugehört. Mein Unterbewusstsein meldet Bedenken an: Besteht eigentlich Interesse an meiner Person, meinem Leben, meiner Insel, meiner Meinung, meiner Sicht auf die Dinge?

Ich frage nun dich, lieber Leser, wie viele Menschen hast du in deinem Umfeld, die dir intelligente Fragen stellen und auch ehrlich an deinen Antworten interessiert sind. Welche Menschen zeigen auf diese Art ein ehrliches Interesse an dir und fragen nicht nur, um auf ein Stichwort von dir zu warten, um selbst ihren Müll bei dir loszuwerden - wenn sie überhaupt fragen. Dieses Phänomen beobachte ich schon seit vielen Jahren. Es geht dabei nicht um banale Fragen „wie geht's dir?", oder „was

hast du heute in der Arbeit erledigen können?". Es geht um Fragen, die
tiefer gehen, die dich, dein Handeln, deine Werte, deine Persönlichkeit
und dein Sein hinterfragen. Fragen, die nach Ursachen deiner Befindlichkeit forschen, zum Reflektieren anregen, ein Warum in den Raum
stellen, oder einfach einen Blick in die Zukunft werfen.

k.o.-Kriterium Nr. 6: Wenn ich die Hotel-Rechnung übernehme
und er das Essen beim Italiener, dann ist das eine gerechte Verteilung. Dachte ich. Ich hatte eine Tomatensuppe, ein Wasser und
einen Schluck Wein. Mein Liebster gönnte sich Vorspeise, Haupt-
speise, Wein, Espresso und Grappa. Ich rechne nicht nach, denn
ich bin nicht kleinlich. Ich gebe gern. Doch „hoppla", das geht
schon wieder zu weit, wenn man nicht darüber spricht. Es geht
nicht darum, dass ich etwas aufrechnen will, oder kleinlich bin,
aber im Zusammenhang mit all den anderen Erfahrungen zu
diesem Thema, empfinde ich bei dieser Verteilung schon wieder
mehr als nur Erstaunen und Verwunderung. Mit welcher Selbstverständlichkeit nimmt sich dieser Mann das Recht, mich permanent in solche Situationen zu bringen, in denen ich immer drauf-
zahle?

*Solltest du dich, lieber Leser, an solch eine Situation in deinem Leben
erinnern können (gemeinsame Urlaubs- oder Haushaltskasse), dann
frage ich dich, ob du schon jemals das Gefühl hattest, dass die Verteilung von monetären oder materiellen Dingen nicht ganz so ausgewogen ausfällt? Oder traust du dich vielleicht nicht, dir das eine oder
andere zu gönnen, weil es ja gemeinsames Geld ist und DU den anderen
nicht ausnützen willst? Ich stelle diese Frage hier absolut provokant in
den Raum, aber ich bin mir sicher, dass sich nur jemand mit edlem,
reinem Charakter, oder jemand, der wenig selbstsicher ist und sich*

selbst häufig nicht als wertvoll betrachtet, angesprochen fühlt. Solltest DU dazu gehören, dann frage ich dich, warum du dieses Gefühl nicht offen ansprichst. Meine Erfahrung ist, dass sich der andere oft gar nicht bewusst darüber ist, dass hier ein Thema zur Klärung im Raum steht. Verdränge auch in dieser Situation nicht das unangenehme Gefühl in deinem Solarplexus. Du weißt mittlerweile, wovon ich spreche, oder?

k.o.-Kriterium Nr. 7: Ich zahle die Zugfahrkarte und gebe Bares für ein Frühstück mit, weil seine Scheckkarte nicht im Geldbeutel war. Das kann ja mal vorkommen. Nicht aber der Satz: „Sag mir dann beim nächsten Mal, was Du zurückbekommst". Habe ich ein „Sorry, tut mir leid, das ist MIR jetzt peinlich" überhört? Nein! Hey, ich bin bestimmt kein Rechengenie, aber MIR ist das mittlerweile bereits peinlich auszurechnen, was ICH an diesem Wochenende in unsere Zweisamkeit investiert habe und wovon und womit ER profitiert hat. Bin ich kleinlich? Für mich sind Geldschulden Bringschulden. Oder? Hätte ich mich ehrlich gefragt, meine Seele hätte mir die Antwort präsentiert. Du weißt schon, das Gefühl im Solarplexus. Doch ich wollte nicht fragen, denn irgendwie fühlte ich mich ja auch wohl auf meiner rosaroten Wolke.

Manchmal begegnet man einem Menschen
- Verfasser unbekannt -

Manchmal begegnet man einem Menschen, der einen sein eigenes Herz wieder spüren lässt.
Manchmal begegnet man einem Menschen, der einen im tiefsten Inneren berührt.
Manchmal begegnet man einem Menschen, mit dem man sich seelenverwandt fühlt.
Manchmal begegnet man einem Menschen, bei dem man sich vollkommen fühlt.
Manchmal begegnet man einem Menschen, durch den man die wahre Liebe erfährt.
Manchmal begegnet man einem Menschen, der einen unendlich glücklich macht.
Manchmal begegnet man einem Menschen, der einem die Welt bedeutet.
Manchmal begegnet man einem Menschen, dessen Nähe einen verzaubert.
Aber gerade, wenn man einem so wundervollen Menschen begegnet ist, passiert oft etwas Unvorhersehbares im Leben.
Manchmal begegnet uns dann das wahre Leben, das Schmerz und Unglück zulässt und die Liebe verdrängt.
Aber genau in diesem Augenblick müssen wir beginnen zu kämpfen. Zu kämpfen für etwas, das es immer wert sein wird: die LIEBE

In diesem berührenden Text, lieber Leser, ist meine Botschaft allerdings vielmehr, die Liebe zu dir selbst zu hinterfragen. Diese geht oft in der Liebe zu einem anderen Menschen unter. Schenkst du dir selbst die

Liebe, die du dem anderen entgegenbringst? Wertschätzt und achtest du dich in gleicher Weise wie den geliebten Menschen? Gibst du dir materiell genauso viel, wie du je für ihn geben würdest, oder bist du bei dir eher sparsam? Gibst du deiner Seele den Raum, den sie für sich selbst benötigt, um wieder aufzutanken, oder ordnest du ihre Bedürfnisse der Zweisamkeit unter? Kämpfst du tatsächlich? Wenn ja, wofür? Liebe darf aus meiner Sicht kein Kampf, sein, denn Liebe soll fließen. Bedingungslos, absichtslos und ohne jegliche Anstrengung. Liebe ist ein Geben und Nehmen in einer Art und Weise, in der sich alle wohlfühlen. In der Liebe zu dir selbst geht es um deine zarte und verletzliche Seele. Lass sie zu Wort kommen und gib ihr Aufmerksamkeit und Fürsorge. Am Ende des Buches wirst du sicher einen Weg gefunden haben, wie du deiner Seele mühelos und mit Leichtigkeit begegnen kannst.

4) Agape und Eros

Die nächsten Tage zuhause waren außerordentlich spannend, denn aufgrund seines defekten Handys waren Telefonate schwierig bis nahezu unmöglich. Die Lösung waren feste Telefon-Termine mit dem Zweithandy des Sohnemanns. Ein sehr seltsamer Umstand. E-Mails konnte er nur im Café sitzend über WLAN bearbeiten, weshalb auch dieser Kommunikationsweg eine Echtzeit-Unterhaltung nahezu ausschloss. Unser Kontakt war also mehr als eingeschränkt. Und das in Zeiten von WhatsApp. Kaum vorstellbar, oder?

Dieser auf den ersten Blick etwas unglückliche Umstand hatte mich allerdings schon vor unserer Begegnung auf der Brücke in eine neue Welt von Agape und Eros entführt. Ich werde dir diesen Zusammenhang natürlich erklären, lieber Leser.

140

Ich weiß inzwischen, dass sich in JEDER noch so abstrusen oder aus-weglosen Situation tatsächlich immer Möglichkeiten und positives Potential eröffnen. Und wenn es nur eine Lernaufgabe für das Leben ist. Oft rückt diese Chance, die Option, oder die neue Erfahrung nicht sofort und offensichtlich ins Licht, sondern offenbart sich erst später. Vertraue einfach und siehe da…

Was passierte also? Ich durfte mich zum einen in Geduld üben, zum anderen kam ich sehr intensiv in Kontakt mit „erotischem E-Mail-Flirten" auf einer sprachlich sehr anspruchsvollen Ebene. Das war eine atemberaubende und neue Herausforderung für mich. Er verstand es nahezu perfekt, mich in die Welt der Sinne zu entführen und mich in meinen vorsichtigen, immer noch schüchternen Aussagen zu hinterfragen. Er schaffte es, mich dazu zu bewegen, konkrete Wünsche und Sehnsüchte zu äußern. Mit achtsamen und liebevollen Worten erforschten wir sehnsüchtig das Terrain der sexuellen Phantasien. Diese virtuelle Körpersprache, die sich auch in unsere hin und wieder doch stattfindenden Echtzeit-Telefonate einmischte, war eine neue, prickelnde Erfahrung für mich. So hatte der anfängliche Nachteil eine neue Erfahrung für mich im Gepäck.

Am Telefon lernte ich nebenbei auch den Junior kennen, ein elf-jähriges, sehr bewusstes und intelligentes Kind. Ich mochte ihn und er mich wohl auch. Als Trennungskind hatte der Junge ein sehr inniges Verhältnis zu seinem Papa. Mir gefiel die liebevolle Art, wie beide miteinander umgingen. Verschlüsselte, kindge-rechte Sprache über Liebe und Leidenschaft in seinem Beisein beflügelte mich, wirkte wie ein Aphrodisiakum. Es verband uns ein süßer Sinnesrausch, der unentwegt die rosaroten Wölkchen am Himmel noch leuchtender erstrahlen ließ.

Sprachlos, und hin und wieder atemlos, machten mich aber auch Gespräche über sonstige Lebensthemen, über Einstellungen und Werte, über eine gemeinsame Zukunft, in denen sehr viel Übereinstimmung und Gleichklang lag. Diese gnadenlose beidseitige Offenheit in unserem Austausch webte das Band unserer Herzen fester, eröffnete so viel Spielraum für weitere Gespräche, Reflexionen und Entwicklungen. War ich wirklich dem Mann begegnet, den mein Unterbewusstsein schon lange angefordert hatte, ohne dass es mir selbst bewusst war, oder durfte ich eine weitere Lektion im Bereich „Beziehungen" lernen? Ich fragte mich zu dem Zeitpunkt bereits, ob das Universum schon wieder die Repeat-Taste gedrückt hatte. Ich spürte und erahnte bereits einige Herausforderungen, die sich ganz offensichtlich und ohne Tarnung abzeichneten. Das waren die schon genannten „k.o.-Kriterien", die sich in Form von kleinen grauen Wölkchen unter meine rosaroten mischten. Sollten da noch mehr auf mich zukommen?

5) Körpersprache auf der Ebene der geöffneten Herzen

Dann war es soweit. Mein Besuch stand auf dem Plan. Da wir beide ohne Auto lebten, ich stolzer Besitzer einer Bahncard bin und dazu noch im Krankenstand war, war klar, dass ich mich auf die Reise begeben würde. Und ich erlebte mein k.o.-Kriterium Nr. 8. Hatte ich Erwartungen? Ja. Natürlich finde ich den Weg vom Bahnhof auch alleine, denn Google Maps ist in dieser Beziehung zwar ein sehr verlässlicher Partner, ersetzt aber einfach keinen Mann, der mit offenen Armen und einem Blümchen am

Bahnsteig steht und seine neue Flamme zum ersten Date zu sich nach Hause führt. Bin ich altmodisch und romantisch? Ja, aber da war er wieder: Mein immer verständnisvoller Engel in mir, der beschwichtigte: „Hey, stell Dich nicht so an, Sandra. Diesem Mann ist es wichtig seine Wohnung auf Hochglanz zu bringen. Für Dich natürlich. Da kann „Mann" zeitlich schon mal ins Straucheln geraten". Uuuuups, mein ungutes Gefühl im Bauch wollte aufbegehren, aber der verständnisvolle Teil war stärker und drängte es, mit für den Moment absolut überzeugenden Argumenten, zurück.

Merkst du was, lieber Leser? Das Gefühl war wieder präsent, zeigte sich wie so ein Lämpchen, das kurz aufblitzt. Verstehst du meine Botschaft? Ich bin sicher, dieses kurzzeitige Unbehagen will immer warnen. Es möchte dich darauf aufmerksam machen, dass du dich immer weiter in eine Situation begibst, die dir nicht guttut. Es ist so wichtig, und meiner Meinung nach der erste Schritt, dieses Gefühl in dem Moment wahrzunehmen und es anzuerkennen. Dann solltest du eine bewusste Entscheidung über das weitere Vorgehen treffen, diese Entscheidung aber immer überprüfen. Wie fühlt es sich ganz ehrlich an, wenn du dich für a) entscheidest und wie fühlt sich die Entscheidung b) an?

Ich hätte in dieser Situation zumindest die Chance gehabt, meine neue Liebe wertschätzend daraufhin anzusprechen, wie sehr ich mir wünschte abgeholt zu werden. Einfach mein Bedürfnis, meinen Wunsch kundtun. Stattdessen gaukelte ich nicht nur ihm, sondern auch mir selbst vor, dass ich ja schon groß bin und den Weg sicher alleine finden würde. Meine echte Enttäuschung drängte ich zurück. Schon war der Vorfall vergessen, die grauen

Wölkchen am Himmel verzogen sich und die rosaroten Wolken schwebten wieder leicht und frei am Himmel.

Der Rest des Abends, der Nacht und selbst der Morgen danach entsprachen ganz meinem Geschmack von trauter Zweisamkeit. Meine jahrelang zurückgehaltene, eingesperrte, vielleicht auch verdrängte Sexualität durfte nun vollständig zur Leidenschaft erwachen. Zwei Körper, die sich dem Fluss der Liebe hingebungsvoll und schwerelos anvertrauten, die sich im absoluten Gleichgewicht von Geben und Nehmen in Raum und Zeit verloren. Ich war sehr dankbar, dass sich mir das Tor zu dieser Erfahrung wieder ein Stückchen weiter geöffnet hatte. So nah war und bin ich noch nie einem Menschen gewesen. Dieser Raum, der sich mir in dieser herzöffnenden Begegnung offenbarte, war ein Geschenk für mich. Hier, und nur hier in diesem „heiligen Raum", wird es möglich sein, alle alten Verletzungen, allen Stolz, alle Machenschaften des Egos, alle Ängste und Zweifel einzubringen und in die Heilung zu führen. Alles fühlte sich gut an, leicht und kostbar. Auch der liebevoll zubereitete Espresso mit Sahnehäubchen und Zimt am Morgen danach.

Eine kurze Frage an dich, lieber Leser: Macht Liebe wirklich blind?

6) Die Insel des Anderen

In der nächsten Zeit ging ich nun neugierig auf Entdeckungsreise und erforschte so immer mehr die Insel des Anderen. Es war megaspannend die Lebensthemen, das Umfeld, die Menschen und ihre Geschichten rund um diesen schrägen Typen kennenzulernen, der meine Welt gerade so bereicherte. Ja, er war einfach anders als die alltagskonformen Männer in seinem Alter, die nur noch so dahinlebten und - häufig emotionslos - nur noch funktionierten. Der braungebrannte, strahlende Typ war sehr von sich überzeugt, wusste genau, was er wollte und vor allem, wie er auf seine Außenwelt wirkte. Er steckte voller verrückter Ideen, war motivierend, mitreißend und ansteckend. Mein inneres Kind rieb sich die Hände, jubelte und flitzte begeistert los auf diese lange ersehnte Spielwiese, die ihm durch diese Begegnung freigegeben wurde. Ein ebenbürtiger Mitspieler war da. Jahrelang stand das Kind in mir unter strenger Kontrolle und Aufsicht, erlaubte sich nur ab und zu mal einen Ausrutscher in die „was soll's, ich lebe nur einmal"-Welt, zum Beispiel mit „Freund+". Meine eigene Verrücktheit, mein Abenteuerdrang und vor allem meine Lebensfreude erlebten einen erneuten Schub und meine Augen leuchteten wieder. Auch mein Himmel war noch immer rosarot. Die kleinen grauen Wölkchen nahm ich zwar zur Kenntnis, sie ließen jedoch keinen grundlegenden Wetterumschwung erkennen.

Ich staunte über sportliche Erfolge und Misserfolge meines Lovers und über seine verzweifelten Versuche als junger Mann Anerkennung durch seinen Vater zu erhalten. Ich lauschte Erzählungen über seine Versuche mit den Eltern Frieden zu schließen, zeigte Verständnis und Mitgefühl bezüglich gescheiterter Beziehungen und Freundschaften. Ich teilte sowohl seine euphorische, authentische Freude an seiner Arbeit, an endlosen Schwärmereien für schnelle Autos, an erfolgreichem Coaching, als auch an Enttäuschungen, die er in diesem Rahmen einstecken musste. Ich war immer ehrlich interessiert, präsent und wollte teilhaben am

Leben auf der Insel dieses Mannes. Das war MEIN Einsatz. Ja, ich war bereit.

Logischerweise entdeckte ich auch eine Menge Baustellen auf der Insel des Anderen. Er war in so viele disharmonische Beziehungen verstrickt. Mit Nachbarn, Ex-Partnerinnen, mit Eltern, Geschäftspartnern und sogar mit Freunden. Ich spürte so viel angestaute Wut, gegenseitige Verurteilungen und festgefahrene Verhaltensmuster. Immer wieder wurde ich Zeugin neuer gegenseitiger Verletzungen, die in meinen Augen einen friedlichen Umgang miteinander niemals möglich machten. In der Rolle des Beobachters erfuhr und erkannte ich unausgesprochene Erwartungen, Schuldzuweisungen, gegenseitiges Unverständnis und verletzten Stolz. Ich beobachtete Machtspiele, die mir nicht gefielen, egal welche Geschichte sich dahinter verbarg. Mit meinen Werten standen diese Verhaltensweisen jedenfalls nicht im Einklang. Das Telefon klingelte häufig ins Leere, oder wurde einfach ausgeschaltet. Das waren keine Handlungen aus dem Herzen. Das war nichts anderes als Macht ausüben und Abhängigkeiten schaffen. Dieses Verhalten ließ eindeutige Machenschaften des EGOs erkennen. Menschen warteten auch schon mal eine Viertelstunde vor der Tür, wenn sie nicht zur vereinbarten Zeit erschienen. Autsch, da passte was nicht. Das ging gar nicht! Mein Gefühl meldete mit Doppelalarm ein weiteres k.o.-Kriterium Nr. 9 an.

Was ist also die Botschaft aus dem Verhalten, das ich hier erlebte? Ich glaube, es ist sehr wichtig, vor allem, wenn du selbst auf der Suche nach Lehrern, Vorbildern oder Mentoren bist, genau zu beobachten, ob deren Handeln und Tun auch dem entspricht, was sie „predigen". Sind sie authentisch? Du kannst viel von anderen lernen, doch am meisten na-

türlich von denen, die das, was du erfahren willst, schon gut können. Achte aber nicht nur auf das Umfeld und die persönliche Situation deines auserwählten Meisters. Die Körpersprache und die Schwingung, mit der ein Mensch in Kommunikation mit anderen tritt, sagt sehr, sehr viel über ihn aus. Die Einschätzung ob seine Handlungen mit seinen Überzeugungen, aus seiner Authentizität heraus, deckungsgleich sind, erfordert ein wenig Übung. Diese Schwingung, egal ob sie sich frei und offen oder eher beengend anfühlt, kannst du immer wahrnehmen. Du spürst sie ganz sicher in der Magengegend, im dritten Chakra, dem Sonnengeflecht. Es kann aber auch ein unangenehmes Gefühl, ein Druck, oder eine Enge im Herz- und/oder dem Hals-Chakra auftauchen. Das vierte Energiezentrum, das Herz-Chakra, steht für die Liebe zu dir selbst und zu anderen, und erstrahlt in einer grünen Farbe. Das fünfte Chakra, das Hals-Chakra, leuchtet blau und ist das Zentrum für Kommunikation. Es steht für alles Unausgesprochene, Geschluckte, aber auch für Worte, die dir entgegenknallen und dich einfach sprachlos machen. Es ist zudem verbunden mit den Schultern, sozusagen mit allem, was dich belastet. Hier kommt die Schwingung der Worte und des Verhaltens deines Gegenübers an. Achte darauf, auch wenn dich seine Worte und Geschichten noch so beeindrucken. Besteht in einem deiner Chakren keine Übereinstimmung, dann hinterfrage den Menschen und dessen Lehren, Lebenseinstellungen oder Absichten, und sei auf jeden Fall achtsam.

Ich vermisste nachdenkliche, reflektierende Worte oder Erkenntnisse „Das war meine Schuld", „Das war mein Fehler", „Da habe ich überreagiert", „Das tut mir leid", „Sorry, ich mach das wieder gut", „Es ist mir unangenehm", „Es ist mir peinlich", „Ich hätte wohl besser …". „Das nächste Mal nehme ich mir vor, dass ich …", „Okay, ich versuche mal den anderen zu verstehen, seine Sichtweise einzunehmen", usw. Ich spähte vergeblich nach empathischem Verhalten oder einem Hauch von Selbstreflexion. Er war in keiner ersichtlichen Weise auch nur ansatzweise bereit, andere Menschen, mich übrigens auch nicht, ernsthaft um ihre Meinung zu einem Vorfall, einem Thema oder einer Begegnung zu bitten. Er kam gar nicht auf die Idee, anderen aufmerksam zuhören, oder einfach mal sich selbst von außen kritisch zu betrachten. Zu diesem Zeitpunkt begann ich mich bereits gedanklich mit dem Thema „narzisstisches Verhalten" auseinanderzusetzen.

Meine Botschaft an meine Leser, die solche Menschen in ihrem Umfeld haben, oder die gar einen Partner haben, der ähnliches Verhalten oder Reaktionen an den Tag legen: Aus meiner Sicht ist es absolut notwendig, den anderen darauf aufmerksam zu machen, wie sein Verhalten beim Gegenüber ankommt. Oft ist der anderen Person gar nicht bewusst, wie ihr Verhalten im Außen wirkt. So ein kleiner Hinweis kann mit Dankbarkeit angenommen werden und im besten Fall sogar lebensverändernd für diese Person sein. Meistens ist so ein Verständnis aber eher nicht der Fall, denn wenn es sich um einen echten Narzissten handelt, dann hast du keine, aber absolut keine Chance. Das habe ich gelernt. So jemand hinterfragt und reflektiert sich niemals.

Darum noch ein ganz wesentlicher Hinweis auf die Art und Weise, wie du so prekäre Themen wertschätzend kommunizieren kannst, ohne dass der andere sofort aggressiv in eine Verteidigungshaltung wechselt, oder in einen verbalen Angriff übergeht. Mir hat ein kleines Büchlein die Augen geöffnet. Die Umsetzung der Botschaft und der Regeln dieses Büchleins erleichtert mir nicht nur das Führen von schwierigen Ge-

sprächen, sondern ist auch unendlich hilfreich in der alltäglichen Kommunikation. Es geht um die „Gewaltfreie Kommunikation" nach dem Modell von Marshall Rosenberg. Das Büchlein heißt „Wenn die Giraffe mit dem Wolf tanzt" und ist für mich ein absolutes MUSS für jeden, der wertschätzend kommunizieren möchte.

Jeder kennt die Situation beschimpft, getadelt, oder vorgeführt zu werden. Und du, lieber Leser, wirst jetzt sicher feststellen, dass sich so ein „Angriff" im Solarplexus bemerkbar macht, oder? Es ist absolut menschlich, dass wir, wenn wir uns verletzt, oder ungerecht an den Pranger gestellt fühlen, in eine Verteidigungs- oder Angriffshaltung gehen. Die Diskussion wird sich unvermeidlich aufschaukeln. Beginne ich aber damit, bei mir zu bleiben und dem anderen nur darzulegen, wie ich mich gerade durch seine Aussage fühle, was seine Worte, sein Verhalten mit mir machen, dann nehme ich schon viel Aggressivität aus der Kommunikation. Sätze, die mit „Du hast mir das angetan", „Du bist schuld, dass es mir schlecht geht", „Dein Verhalten macht mich wütend", „Du musst das verändern", „Wegen Dir …" beginnen, stellen den Gesprächspartner an die Wand. Er kann gar nicht anders, als sich zu wehren. Sage ich stattdessen „Ich fühle mich gerade bedrängt", „Ich bin jetzt irritiert", „Ich empfinde diesen Vorwurf nicht ganz fair", dann klage ich mein Gegenüber nicht an, sondern gebe einen Rahmen vor, in dem die Kommunikation in eine Klärung gehen kann. Spürt der aufmerksame Leser den Unterschied?

Natürlich ist das keine Garantie dafür, dass deine Botschaft beim anderen auch ankommt, aber ein Versuch ist es immer wert. So bist DU aber immer mit reinem Herzen unterwegs, kannst dir ins Gesicht sehen. Selbst wenn du etwas ansprichst, was dich durch das Verhalten des anderen verletzt, bist du nun in der Lage, das Gespräch auf einer wertschätzenden Ebene zu führen. Mit ein klein wenig Übung wirst du darin immer erfolgreicher werden.

7) Blind Date mit einem Elf-Jährigen – das Windhosen- prinzip

Im Zusammensein mit diesem Typen spürte ich eine Energie, die mich sehr sanft und dennoch eindringlich erfasste, und die mich immer tiefer in ein Zentrum, wie in das einer Windhose hineinzog. Ich forcierte das nicht, aber es entstanden mehr und mehr Situationen, die mich ungewollt immer fester in seine Lebensstrukturen einbanden. Ob ich das wollte oder nicht. Ich war plötzlich mitten in solch einer Situation und konnte nicht mehr zurück. Wer kennt das nicht? Nach diesem Prinzip spielte sich auch die behutsame Zusammenführung mit dem Junior, wie ich ihn gerne bezeichnete, ab. Schon des Öfteren war ich am Telefon in den Genuss von Smalltalks mit dem pfiffigen Knirps gekommen, der sich an Papas Handy liebend gern mit „Sekretariat" meldete. Clever eingefädelt, der Kontakt war hergestellt.

Das Windhosenprinzip wirkte. Die Beziehung zum Junior wurde unmerklich durch diese kurzen Intermezzos intensiviert. Immer lümmelte der Sohnemann neben Papa auf der Couch, wenn sich Papa abends mit mir am Telefon die Zeit vertrieb. So stellte sich unweigerlich eine immer engere Verbindung ein. Es gab quasi nichts, was den Ohren des Juniors vorenthalten wurde. Das Prinzip „ab 20 Uhr ist das Handy aus", war ein variables Prinzip. Es wurde frei und inkonsequent, je nach Bedarf eingesetzt. Frei nach dem Motto von Pipi Langstrumpf: „Ich mach mir die Welt, wie sie mir gefällt".

Und dann war es soweit. Meine Feuertaufe stand unerwartet an. Papa konnte sich nicht rechtzeitig aus einem Kundentermin rausnehmen und bat mich kurzerhand, den Junior nach der Schule in der Stadt zu treffen, da ich bereits den Vormittag dort mit Bummeln verbracht hatte. Gesagt, getan. Gesucht, gefunden. Auch wieder clever eingefädelt, oder? Junior und ich schlürften Kakao in einem gemütlichen Buchladen und beschnupperten uns gegenseitig. Das Eis war gebrochen und ich dabei nicht eingebrochen. Angenommen, akzeptiert, annektiert. Und bezahlt - das ist ein wichtiger Hinweis für später.

Spätestens ab diesem Zeitpunkt war ich aus meiner Sicht eine sehr bindende Verpflichtung eingegangen. Ein Kind war im Spiel, dessen empfindsame Seele bereits verletzt war durch wechselnde und teils schwierige Partner der Mutter, und der allgemeinen beruflichen und finanziellen Situation des Vaters. Vertrauen und Nähe aufzubauen, Spaß miteinander zu haben, ohne gegenseitig in Konkurrenz zu stehen forderte einen reichhaltigen Nährboden der Liebe und der Lebensfreude. Ich war mittendrin. Der unsichtbare Sog der Windhose trug mich allerdings immer weiter, immer tiefer Richtung Zentrum.

Die Bindung zwischen Senior und Junior war so eng, dass ich während unserer Zeit zu dritt mein Nachtlager stets auf der Couch im Wohnzimmer aufschlug, weil Papa und Sohn immer gemeinsam in Papas Bett schlafen. Nicht nur schlafen, sondern auch einschlafen. Ohne Papa ist kein Zubettgehen möglich. Und der pennt liebend gern bis spät in die Nacht hinein auf der Couch im Wohnzimmer, meinem Nachtlager. So war ich stets bis spät in die Nacht hinein gefangen im abendlichen Fernseh-Lümmel-

Halb-Schlaf. Ich, als eine acht-bis-neun-Stunden-Schläferin, einer Lerche, die früh mit dem Zwitschern der Vögel erwacht und die es dann zum Sport nach draußen zieht. Ich liebe die Ruhe am Abend, das Alleine Sein, meine Bücher, entspannte Gespräche, ab und zu eine geführte Meditation, oder eine ganz stille Innenschau. Einen Fernseher gibt es bei mir schon seit Jahren nicht mehr. Das alles war in dieser Dreier-Konstellation leider nicht möglich. Weder traute Zweisamkeit, noch Alleine Sein, noch lesen, geschweige denn Massage oder Meditation. Dafür Kinder- und Technikfilme in der Flimmerkiste. Das also war mein Einsatz, oder war es der Preis, der weitere harte „k.o.-Kriterien" enthielt? Der Preis: mein Einsatz. Zusammengefasste Gedanken unter „k.o.-Kriterium" Nr. 9:

- Super spät ins Bett, Liebesspiel, Schäferstündchen im Halbschlaf weit nach Mitternacht

- Ständig vorprogrammierter Schlafmangel

- keine gemeinsame Kuschelzeit, außer zur Geisterstunde oder in den frühen Morgenstunden

- kein liebevolles Wachgeküsst-werden am Morgen, in den Armen des Lovers

- kein hemmungsloser Sex (ich übertreibe) - die Wände waren so hellhörig, dass jedes Knarren des Bettes im anderen Zimmer hörbar war. Da konnte es dann auch schon mal vorkommen, dass der Junior an die Wand klopfte. Okay, besser, als wenn er plötzlich im Zimmer gestanden wäre.

- Ich hatte mittlerweile sogar meine eigene Bettwäsche in den Haushalt eingebracht, weil ich sonst ohne Bezug und Unterlage auf der viel zu kurzen Tiger-Decke nächtigen hätte müssen.

Zudem hatten meine alte Kaffeemaschine, der ausrangierte Handmixer und eine Spätzle-Reibe sehr bald im Haushalt der zwei Herren ihren Platz gefunden und es gab, dank meiner Kreativität, immer lustige Servietten auf dem Tisch. Mein von zuhause importierter Lieblings-Kaffeebecher stand im Küchenschrank für mich parat, ich sorgte dauerhaft für meine Kaffeekapseln in meiner Kaffeemaschine und hatte fast immer diverse Probiererle in Form von gerösteten Kürbiskernen, Lupinenkaffee oder Gewürzmischungen in handbeschrifteten Gläschen im Gepäck. Ich erwähne das an dieser Stelle, weil es mir sehr viel Freude macht mich einzubringen, für liebevolles Ambiente zu sorgen, auch als Dankeschön dafür, dass ich „immer herzlich willkommen war". Das alles zählte natürlich nicht zu den k.o.-Kriterien, sondern brachte Farbe und Leben in das Bild der Situation, die ich hier versuche zu beschreiben. Oder versuchte ich die grauen Wolken zu übermalen?

Oh, was passierte hier? Das klingt schon richtig schräg, oder? Und ich spürte das auch, nahm aber einfach alles hin. Spätestens zu diesem Zeitpunkt sollte jeder, der sich in einer Situation befindet, in der er sich nur noch wundert, fragen, ob er sich eigentlich noch wohl fühlt? Ich frage mich im Rückblick, wie blind ich eigentlich war. Erzählt habe ich kaum jemandem von diesen eigenartigen Erlebnissen, denn ich spürte genau, dass mich spätestens jetzt der ein oder andere gefragt hätte, ob ich noch ganz klar im Kopf sei. Ich rechtfertige mich ja bereits selbst mit absolut lächerlichen Entschuldigungen, dass ich dieses Spiel mitspielte. Ein Spiel, in dem mir sehr wenig Wertschätzung entgegengebracht wurde.

Und genau das ist in diesem Kapitel meine Botschaft für meine Leser: In dem Moment, in dem du beginnst, dich für etwas zu rechtfertigen, für etwas zu verteidigen, solltest du ganz genau hinsehen. Etwas triggert dich und du reagierst sehr emotional. Das ist ein Zeichen, dass hier etwas nicht stimmt. Du beginnst nach außen hin gegenüber anderen wild zu argumentieren, dich aufgebracht zu erklären und wirbst um Verständnis. Dir sollte allerdings bewusst sein, dass du das nur tust, um deine eigenen Worte zu hören, die deine Seele ansprechen, die das sicher gerade nicht lustig findet und sich sehr „verarscht" vorkommt. Im Leben gibt es NICHTS zu rechtfertigen, es gibt NIEMALS etwas zu verteidigen. Das ist ein schamanisches Prinzip, welches immer zur Anwendung kommen darf. Hinterfrage kritisch und reflektiert dein eigenes Verhalten, bzw. das einer anderen Person dir gegenüber, sobald du bemerkst, dass du dich in Rechtfertigung, Verteidigung oder endlosen Erklärungen verstrickst.

Überall wo der Verstand nicht hinkommt, frage dein Gefühl. Frage dich bei dem was du tust nach deiner Absicht. Tu nicht alles, was möglich ist. Sobald es sich für dich nicht mehr stimmig und rein anfühlt, lasse es bleiben. Bleibe dir selbst immer treu.

8)   Zeitmanagement

In eine ähnliche „Windhosen-Situation" stolperte ich hinein, ohne aktiv einen anderen Weg einschlagen zu können. Papa in der Arbeit, Junior in der Schule. Das wäre MEINE Zeit gewesen. Zeit, um meinen Aktivitäten nachzugehen, der Hausaufgaben im Rahmen eines Fernstudiums, bzw. einer Ausbildung. So war der Plan. Ich traute meinen Augen nicht, als der Junior an diesem Tag das Haus nicht zusammen mit Papa verließ, sondern ein Krank-Tag für den Sohnemann genehmigt wurde. Die Erklärung, das zu-Bett-gehen am Abend davor wäre einfach zu spät gewesen und der Junge brauche ja seinen Schlaf, schlug dem Fass den Boden aus. Ich war sprachlos. Die Situation war super praktisch, denn ich war ja da. „Babysitten" war angesagt. Na gut, ich machte „gute Miene zum bösen Spiel". Was blieb mir denn anderes übrig? Da kam mir wieder mein Motto des Jahres 2020 in den Sinn: *„Und kaum hast du die Antwort, da ändert das Leben die Frage"*.

Der Vormittag war also ausgefüllt mit Frühstück, Zocken, Spiele spielen, Mittag essen. Wir folgten Papas Vorschlag, ihn mit den Fahrrädern im Geschäft abzuholen. Gegen dieses Sportprogramm hatte ich nun wirklich nichts einzuwenden. Super Idee! Der Junior, als sehr aufmerksamer Guide sehr vorbildlich vorausfahrend, ich hinterher. Fahrzeit 45 min. Das war nicht ohne und ein weiterer Vertrauensbeweis, der mich einsog ins Zentrum dieser familiären Windhose. Einerseits war ich überwältigt und erfüllt von dieser Erfahrung, die mich auch ein wenig mit Stolz erfüllte, andererseits mogelte sich ein unangenehmes Gefühl der Machtlosigkeit, des Ausgeliefertseins, des Übergehens meiner Bedürfnisse dazwischen. Das war ja nun nicht das erste Mal. Ich hatte in dieser Situation einfach keine Wahl, konnte nicht an meinen ursprünglichen Plänen festhalten, konnte meine Arbeiten nicht erledigen.

Es eröffnete sich auch kein alternativer Zeithorizont. Alles war so selbstverständlich und lief aus Sicht meines „Freundes" doch prima. Volle Integration ins Familienleben. Perfekt! Ich kriegte das klasse hin. Das war SEINE Sichtweise auf die Dinge. Ich sah das etwas anders, intervenierte aber nicht. Eine leise Vorahnung in Form eines komischen Gefühls, das ich ja bereits gut kannte, begann sich in mir auszuweiten. Und nicht nur im dritten Chakra. Ich war kurz vorm Explodieren, hielt mich aber zurück. Meine Argumente wären sowieso nicht ernst genommen worden. Das war mir zu dem Zeitpunkt bereits klar.

Getriggert durch diese Geschehnisse ploppte ein weiteres k.o.-Kriterium Nr. 10 auf: Wertschätzung meiner kostbaren Zeit und meiner Arbeit. Diese kleine, dunkle Wolke begann in diesem Moment rabenschwarz und extrem bedrohlich zu werden. Sie vergrößerte sich rasant durch weitere Erlebnisse dieser Art. Alle nach dem gleichen Prinzip der fehlenden „Achtung und Wert-schätzung" meiner, bzw. unserer kostbaren, gemeinsamen Zeit.

An diesem Tag saßen der Junior und ich noch weitere zwei Stun-den sinnlos in der Arbeit ab, weil mein Herzblatt sich nicht wie geplant um 15 Uhr, sondern erst um 17 Uhr loseisen konnte. Ich bin sehr verständnisvoll, wenn es um Arbeit geht und anerkenne auch diese Priorität. Verdiente er damit schließlich seine Bröt-chen. Dennoch sind zwei Stunden Warten schon eine enorme Herausforderung. Oder bin ich kleinlich?

Häufiges Festquatschen, nicht nur ein kurzer Smalltalk, sondern situativ schon mal eine Stunde kommunikativer Austausch, weil „man sich lange nicht gesehen hatte", gehörte zum Lifestyle meines Traummannes. Hier und dort spontan vorbeifahren, sehen ob jemand zuhause ist, zwischendurch viele Infos über die Personen und deren Geschichte anhören. Das war zwar mitunter spannend, machte aber meinen Geist und auch meinen Körper in der Fülle dieser Vorkommnisse träge und schwerfällig. Es war einfach zu viel Input, der für mein Leben, bzw. für unsere Beziehung in dem Status für mich absolut nicht notwendig war. Diese spontanen Zwischenstopps, die das eigentliche Ziel einen gemeinsamen Tag zu verbringen in weite Ferne rückten oder sogar völlig aus dem Tagesplan kickten, erlebte ich einen Tick zu oft. Diese „Umwege" und Spontaneitäten entzogen uns schleichend wertvolle Stunden unserer kostbaren, gemeinsamen Zeit. Mürbe machte mich auch das häufige Rumsitzen und Warten, weil sein Zeitmanagement, wie schon erwähnt, sehr häufig mehr als daneben lag.

Faszinierte mich dieser Typ einerseits mit seiner Flexibilität, Spontaneität und seiner Offenheit und der unkomplizierten Art mit Menschen in Kontakt zu treten, so erkannte ich andererseits, dass er oft nicht kapierte, ja überhaupt nicht registrierte, wo die Grenzlinie gesteckt war. Nicht nur bei anderen, sondern auch bei mir nicht. Ich beteiligte mich gern und ehrlich interessiert an den kurzen, meist pfiffigen und fröhlichen Gesprächen, war oft aber auch nur stiller Zuhörer. In dieser Rolle nahm ich mehr als nur offensichtlich wahr, dass mein neuer Freund viel redete, gerne von sich erzählte, Fragen stellte, selbst aber wenig empathisch zuhören konnte. Vor allem dann, wenn das Thema des anderen für ihn nicht von großem Interesse war und nicht in seine Welt, in sein Gedankengut passte. Das gefiel mir nicht.

Beflügelt von seiner eigenen Euphorie im Gespräch, nahm er aus meiner Wahrnehmungsposition heraus selten eindeutige Signale des Gegenübers wahr. Signale, die ausdrücken „Hey, ich habe jetzt genug, ich habe keine Zeit mehr, mich interessiert das jetzt nicht mehr, Stopp, …". Der Junior und ich verdrehten des Öfteren die Augen, denn wenn eine Sache klar war, dann die permanente Änderung und Anpassung der Tagesplanung. Es schien unmöglich zu sein, zielgerichtet und fokussiert eine geplante, abgestimmte Unternehmung umzusetzen und somit die gegebene kostbare Zeit möglichst intensiv mit Leben und Erleben zu füllen.

Ich beschloss, um nicht völlig die Nerven und die Geduld zu verlieren, meine Einstellung zur Situation zu verändern und die gemeinsame Zeit zu dritt als ein Geschenk, als meine persönliche Auszeit zu betrachten und zu erleben.

Urlaub hatte ich in den letzten Jahren selten. Dennoch offenbarte sich das unangenehme Gefühl in Form der Frage „Wie sehr entspricht dieser verordnete Urlaub meinen Vorstellungen, und bin ich nach dieser Zeit wirklich erholt?"

Ganz schön blöd, oder? Du kannst dir Tatsachen auch schönreden, die rosarote Brille aufsetzen. Denn genau das tat ich. Und hier möchte ich dir, lieber Leser, erklären, was positives Denken eben NICHT ist. Es kommt immer auf die Betrachtung der Situation an:
Variante a): Ich kann mich tierisch darüber ärgern, dass etwas nicht so läuft, wie ich es gerne hätte, oder dass ich in Situationen gerate, die mir nicht gefallen, die mich von meiner eigentlichen Absicht, meinem Plan abhalten.

Oder Variante b): Ich schnaufe tief durch und bedanke mich beim Universum für diese neue, ungeplante Herausforderung in meinem Leben, wohlwissentlich, dass sich mir der tiefere Sinn dieses Umwegs, dieser spannenden Aufgabe, sicherlich früher oder später offenbaren wird.
Mit Variante b) wird es mir sicher besser gehen, als mit Variante a). Da sind wir uns einig, oder?

Diese Einstellung führte mich bis dahin ganz gut durch mein Leben - zumindest ab dem Zeitpunkt, als ich mir dessen bewusst wurde, dass es mich wesentlich weniger Energie kostete, diese Haltung einzunehmen. Widerstand und gegen den Strom schwimmen kostet grundsätzlich Kraft. Also fließe wie das Wasser geschmeidig um den Stein im Flussbett herum. Das klappt in der Regel hervorragend und es offenbart sich tatsächlich sehr oft ein wundervoller Weg oder eine Begegnung, mit der du nie gerechnet hättest. Etwas, was der Verstand so nie als Plan hätte ausarbeiten können. Hier in dieser Situation ging es aber nicht um einen Einzelfall, sondern um ein für meine Begriffe abartiges Verhaltensmuster, mit dem ich mich zukünftig nicht arrangieren wollte. Das war klar. Hier endeten meine Kompromissfähigkeit und meine Geduld. Setze ich jetzt die rosarote Brille auf, dann dränge ich etwas weg, was meiner Seele nicht guttut, ich ignoriere es, schlucke es runter, rede es schön. Etwas, das sich permanent und bohrend einfach nicht gut anfühlt und ständig weggedrängt wird, holt dich irgendwann immer ein, oder wird letzten Endes mit ein Grund für eine Trennung sein.

Das k.o.-Kriterium Nr. 11, Zeitmanagement, sich überall festquatschen und dabei das ursprüngliche Ziel aus den Augen verlieren, schiebt sich bereits als weitere dunkle Wolke in meinen Himmel des Verliebtseins. Es ist eng verbunden mit der Wolke der Wertschätzung meiner und unserer gemeinsamen Zeit. Will ich das so? Nein!

Je tiefer ich in das Leben der beiden eintauchte, umso stärker nahm ich wahr, wie sehr dieser Lifestyle meine Energie runterzog, mich ausbremste, meine eigene Geschwindigkeit das Leben intensiv zu erleben drosselte. Diese planlose „Spazierfahrt" entspannte mich zwar irgendwie, fühlte sich auch ein wenig an wie Urlaub, aber die Waage war einfach nicht im Gleichgewicht. Viele meiner elementaren Lebensinhalte, meine relevanten Aufgaben, meine ehrgeizigen Ziele und meine sportlichen Aktivitäten fanden in dieser Welt wenig bis gar keinen Raum zur Integration. Ein Urlaubstag mit meinem Liebsten sollte sich entspannt anfühlen, mich regenerieren, meinen Kopf befreien und mich am Abend zufrieden und glücklich ins Bett schweben lassen. Ich wünschte mir so einen Tag ausgefüllt mit Aktivitäten, die uns beiden Spaß und Lust bereiteten. In jeder Hinsicht.

Es war auf eine bestimmte Weise wunderschön als kleine Familie unterwegs zu sein und es erfüllte mich wirklich mit Glück und Freude. Auch wenn meine Anwesenheit noch so bereichernd für das eingeschworene Männerteam war, so sah ich eine „Auszeit nur zu zweit" jetzt einfach als absolut notwendig an. Unsere junge Beziehung wollte erforscht werden, sollte sich stabilisieren und festigen.

Eine „Zeit zu zweit" durfte nicht zum Versprechen des Papas, immer für den Junior da zu sein, in Konkurrenz stehen, sondern musste in meinen Augen gleichrangig betrachtet und gelebt werden. Die Umsetzung schien allerdings ein schwieriges und anspruchsvolles Unterfangen zu werden.

Ja, lieber Leser, ich wollte es immer noch nicht wahrhaben, dass ich mit diesem Typen in eine Sackgasse rannte.

9) Geben ohne Erwartung

Ich bin ein Geber, ein Schenker. Ich liebe es, anderen mit Kleinigkeiten eine Freude zu bereiten. Ich liebe es, in Gedanken an einen Menschen den ich mag, etwas auszusuchen, etwas zusammenzustellen, es liebevoll zu verpacken und dann noch ein Brieflein dazu zu schreiben. Hingebungsvoll tauche ich dabei meditativ in die Verbindung mit diesem Menschen im Erleben meines JETZT ein. Wenn sich Derjenige dann auch noch drüber freut, ich die Spannung der bevorstehenden Überraschung spüre und in strahlende Augen sehe, dann macht mich das überglücklich. Es geht hier um Kleinigkeiten, um liebevolle Aufmerksamkeiten, Sprüche auf Karten und Botschaften auf Zettelchen, oder um spontane Einladungen. Es ist wundervoll und erfüllt mich mit großer Dankbarkeit, wenn ich von meinen Freunden, meinen Kollegen oder Kursteilnehmern in der gleichen Art „beschenkt" werde. Nicht aus der Verpflichtung heraus, sondern weil sie selbst aufmerksam sind und genau wissen, wie sehr solche Kleinigkeiten, Gesten und Worte mein Herz berühren. Da fließen auch schon mal Tränen der Freude, der Wertschätzung und Dankbarkeit.

Ein weiterer Aspekt, den ich in diesem Zusammenhang erwähnen möchte, ist meine Einstellung zu materiellen Dingen. Bereits als Kind durfte ich lernen, mit meinem Geld und meinen persönlichen Gütern eigenverantwortlich umzugehen. Durch Ferienjobs eigenes Geld verdienen, einen Teil sparen und dann bewusst entscheiden, wofür ich das Ersparte ausgeben möchte, hat mir schon in sehr jungen Jahren immer wieder Möglichkeiten eröffnet, über die Wertigkeit von Geschenken und Einladungen nachzudenken. Meine Investitionen waren somit immer gut durchdacht. Wenn ich etwas unbedingt haben wollte, dann wurde eben gespart, wodurch sich ein individueller Wert an das Erreichte heftete, und es als etwas ganz Besonderes auszeichnete. Ich allein entscheide auch heute noch, wofür ich mein Geld ausgebe, wen ich einlade oder wem ich etwas schenke. Niemals aus einem Zwang, oder einer Verpflichtung heraus.

Diese Einstellung erklärt sicher, dass es für mich selbstverständlich ist, mich für eine Einladung zum Kaffee, zum Eis oder zum Essen, für eine Karte, irgendein kleines Mitbringsel oder für die Zeit des anderen zu bedanken, die er gerade in unser Zusammensein eingebracht hat. Ich wertschätze das was mein Gegenüber mit mir teilt, was er mir schenkt. Die Geste zählt und nicht das Materielle. Gefällt es mir nicht, dann äußere ich das auch mit lieben Worten. Ich glaube, das beherrsche ich. Zumindest sprechen die Rückmeldungen aus meinem Freundeskreis dafür. Wichtig ist mir vor allem anzuerkennen, dass der Andere sich Gedanken gemacht hat, womit er mir ein Leuchten in die Augen zaubern kann. Er hat Zeit investiert. Zeit für mich. Und Zeit ist ein sehr wertvolles Geschenk.

Ich habe gelernt „Danke" zu sagen, weil einfach nichts selbstverständlich ist. Es ist wundervoll die Augen des überglücklichen

Gebers erstrahlen zu sehen, nur weil ich als Beschenkter meine Freude, Wertschätzung und Dankbarkeit wie auch immer zum Ausdruck bringe. Es geht ganz sicher nicht um eine Erwartungshaltung etwas zurückzubekommen. Das warme Gefühl, die funkelnde Energie, welche durch ein ehrliches und aufrichtiges „Danke" zwischen zwei Menschen fließt und in dem Moment ihre Herzen verbindet, ist für mich sehr wertvoll und nährend. Sowohl als Gebender, als auch als Beschenkter. Liebe und Dankbarkeit schwingen auf einer sehr hohen Frequenz. Das hat Masaru Emoto sehr eindrucksvoll in seinen Bildern von Wasserkristallen aufgezeigt.

Was passiert nun mit mir, wenn die Reaktion des Beschenkten ausbleibt? Wenn einfach keine Reaktion auf das Geschenk oder die Einladung erfolgt? Ich empfinde eine Leere, denn die energetische Rückkopplung bleibt aus, es fließt keine Energie. Die hohe Schwingung bleibt stecken, stagniert irgendwo in der Gleichgültigkeit, in einem Raum des Universums. Freude, Glücksgefühle, Liebe, Dankbarkeit können sich nicht potenzieren. Im Gegenteil: sie verpuffen.

Es gibt noch eine Steigerung zum Thema „ausbleibende Dankbarkeit", die ich allerdings schon als unverschämt bezeichne. Mir fehlen die Worte für dieses Verhalten, versuche es aber wie folgt zu beschreiben, womit wir wieder mittendrin in meiner Lebensgeschichte sind.

Ich spreche eine Einladung zum Cappuccino aus und bestelle. Die Stimme neben mir (*der aufmerksame Leser ahnt, von wem ich jetzt spreche*) bestellt zusätzlich zum Cappuccino noch einen Kuchen, einen zweiten Espresso und für den Junior noch einen, nein, zwei Kuchen zum Mitnehmen.

Ich springe kurz zum Supermarkt, weil, wie üblich, keine Kaffeekapseln im Haus sind und frage: „Soll ich noch was mitbringen?" Für die nun folgende Aufzählung, benötige ich einen Notizzettel und eine zweite Einkaufstasche. Da mein Konto derzeit einen höheren Stand aufweist, als das meines „Freundes", habe ich ein schlechtes Gewissen das Geld vom Einkauf zurückzuverlangen und bringe stattdessen einfach nicht alles mit - meine Strategie und der Versuch, mein aufbäumendes Gewissen zu besänftigen. „Ich verbrauche ja während meines Aufenthalts auch Wasser und Strom" versuche ich die Stimme in mir zu besänftigen, die mich vehement auf meine Grenzen aufmerksam machen will, meine Einstellung zum Geld zu berücksichtigen. Ein komisches Gefühl bleibt. Wo? Nicht nur im dritten Chakra, nahezu überall in mir rebelliert es. Trotzdem schweige ich.

Um die Wartezeit im Handyladen sinnvoll zu nutzen, packe ich kurzerhand den Junior ein, um im Supermarkt nebenan sein Malzbier und Batterien für die Weihnachtsbaum-Beleuchtung zu besorgen. Autsch, wir brauchen für 24 Kerzen mindestens 24 Batterien. Das wird eine größere Rechnung. Ich lege den Kassenzettel zuhause auf die Kommode. Die „Nebenbei-Ansage" am nächsten Tag mit den Worten „Sagst mir halt, was Du dafür bekommst", reicht mir irgendwie nicht. Geldschulden sind Bring-Schulden. Der Betrag steht ja auf dem Zettel. Ich frage nicht mehr nach.

Wir fahren mit meinem Carsharing-Auto in die Stadt, um das Geld für den Zug zu sparen, parken im Parkhaus, welches ich bezahle. Habe ich das „Danke, Sandra" überhört?

Bekannte holen uns mit dem Auto zu einer Veranstaltung ab und fahren uns auch wieder nach Hause. Als Dankeschön lade ICH alle zum Cappuccino vor Ort ein. Habe ich auch hier das „Danke, Sandra", oder das Angebot „lass uns den Betrag teilen" überhört?

Da ich am Abend vorher zwei Semmeln in der Pfanne habe anbrennen lassen, biete ich am nächsten Morgen frische Brezen an. Ich hatte nicht mit einem Wocheneinkauf beim Bäcker gerechnet. Autsch!

„Kannst Du mir mal 5 Euro geben? Ich möchte gern noch ein Brot beim Bäcker mitnehmen und habe kein Kleingeld mehr im Geldbeutel". Ich hatte nur 10 Euro. Das eine süße Teilchen für ihn war die selbst beigefügte Zugabe. Und ich? Zum Glück waren die Nussecken aus, sonst hätte er die für den immer hungrigen Junior sicher auch noch eingepackt. Habe ich das „Danke, Sandra" schon wieder überhört? Die wenigen Münzen Rückgeld hatte ich sofort erhalten, aber lag der Rest dann zuhause auf meinem Platz?

„Können wir für den Junior zu Weihnachten Karten für eine Zauber-Show über Deine Kreditkarte bestellen? Er würde sich so freuen". Können wir, klar. Kein Problem für mich. Nicht jeder besitzt eine Kreditkarte. Ich bin verständnisvoll. Während des halb online, halb telefonischen Bestellvorgangs im WLAN-Café sitze ich neben ihm (Cappuccino, Espresso, Croissant und nur EIN Espresso für mich), nehme die Schwierigkeiten der Platzwahl für eine nahezu ausverkaufte Vorstellung aus den Inhalten der Gesprächsfetzen wahr und falle dann fast vom Glauben ab: Dieser Typ da neben mir hat soeben über meine Kreditkarte drei VIP-Tickets in Höhe von fast 500 EUR geordert. „Du bist selbstverständlich eingeladen". Wie nett… Mehr nicht? Wo war das „Danke, liebe Sandra, sorry, aber das war die einzige Möglichkeit, ich hoffe es ist okay für Dich, …?" Noch nie habe ich annähernd so viel Geld für Show-Karten ausgegeben. Und diese Show steht nicht mal ganz oben auf MEINER Prioritätenliste. Auch wenn ich den Bezahlvorgang noch hätte unterbrechen können, weil die Buchung dann anders organisiert wurde, hatte ich doch tatsächlich ein schlechtes Gewissen dem Junior gegenüber, dem die Karten bereits als Weihnachtsgeschenk avisiert worden waren. Autsch! Daran knabbere ich heute noch. Das ging viel zu weit und ich hatte nicht interveniert. k.o.-Kriterium Nr. 12.

Auch bei dieser Aktion ging es mir nicht um das Danke-sagen. Es ging um die Dreistigkeit und die Unverschämtheit, mich permanent in solche Situationen zu manövrieren, die mich fassungslos machten, mich lähmten und mich zur Gegenwehr handlungsunfähig machten. Nach dem Wiedererlangen meiner verlorenen Fassung fehlte mir dann meist - wie auch hier - der Raum zur Klärung. Entweder die Situation war unpassend oder der Junior war in der Nähe. Und wenn ich es doch irgendwie schaffte, das Thema auf den Tisch zu bringen, half mir auch Marshall Rosenbergs „Giraffensprache" nicht viel (*zur wertschätzenden Kommunikation hatte ich mich ja bereits geäußert).* Alle Argumente schmetterte er ab, drehte mir das Wort im Mund herum. Alle Argumente richteten sich so gegen mich, und die Diskussion endete

wie immer darin, warum ich so vehement an dem „Danke" fest-
halte. „Warum brauchst Du permanent Anerkennung?"

10) Die Höhle des Mannes

„Mein Wille geschehe", wenn nicht, dann geht der Mann in seine
Höhle. Das hat uns Karsten Kaie in Caveman bereits wundervoll
satirisch erklärt. Ich habe es erlebt. Juchhu! Das war klar.

Was zog ich da nur für ein Thema an? War das der Spiegel, der mir
zeigte, dass ich vielleicht etwas zu verständnisvoll bin und mich ein
wenig mehr wehren sollte?

Ich war gespannt, wie lange dieses alberne Höhlen-Verhalten
wohl andauern würde. Meine Zeit war viel zu kostbar für solche
albernen Sandkastenspiele. Mein Leben ging auf jeden Fall weiter. Ohne nervige Gespräche und Rechtfertigungen, warum ich
mich nicht für 4 Tage einem „Familienurlaub" in Südtirol an-
schließen wollte. Das Thema stand nämlich im Raum. Mein
„Nein" hatte den Mann in die Höhle geschickt. Ich hatte meine
Gründe für das „Nein". Soll er doch schmollend in seiner Höhle
schmoren und sich selbst die Tage verderben. Ich fahre mit den
beiden nirgendwo hin.

Mein Hinweis an alle, die sich bereits einmal in so einer Situation wie-
dergefunden haben, oder die sich öfters mit dem beleidigten EGO eines
anderen Menschen konfrontiert sehen. Lieber Leser, lass dich auf dieses
Spiel nicht ein. Das kleine innere Kind ist beleidigt, weil es seinen Wil-
len nicht durchsetzen kann und zieht sich schmollend zurück. Wenn du
dich nun an deine Kindheit, oder deine eigenen Kinder erinnerst,
dann kennst du sicher diese Reaktion, oder? Kinder werfen sich oft laut

schreiend auf den Boden, oder werden bockig, Erwachsene knallen Türen, oder zeigen sonstige aggressive Verhaltensweisen.

Und genau darum geht es. Welche Strategie hast du in der Kindheit gelernt, um dennoch das zu bekommen, was du unbedingt wolltest? Erinnerst du dich? Und nicht jeder hatte Eltern, die mit dieser Situation ruhig umgehen konnten. Ein Rückzug in die Höhle kann ein Hilfeschrei sein, mit dem Bedürfnis „Gib mir Aufmerksamkeit, Liebe und Zuwendung. Sieh mich". Ein Rückzug kann aber auch ein sehr weises Verhalten sein. Im Idealfall zieht sich der andere zurück und beschäftigt sich mit der Situation, mit seinem inneren Kind. Er kündigt den Rückzug aber an und versucht, das getriggerte Thema erst einmal für sich selbst zu betrachten. Das heißt, er ist in dem Bewusstsein, dass, wenn sehr heftige Emotionen auftauchen, keine lösungsorientierten Gespräche stattfinden können.

Ein Rückzug ist somit sehr hilfreich, nur solltest du das wertschätzend kommunizieren. Auch ich habe es mir mittlerweile zur Gewohnheit gemacht, mir in einer emotional hochkochenden Situation das Recht herauszunehmen, die Diskussion JETZT zu beenden und dann einen Tag später noch einmal aufzugreifen.

Lieber Leser, das ist ein sehr wertvolles Geschenk für alle Beteiligten, denn Emotionen sind laut, sind über den Verstand gesteuert, und der will in der Regel immer Recht haben. Aber: Hinter jeder Emotion liegen Gefühle. Diese sind die Sprache der Seele und genau diese Gefühle wollen gesehen und vor allem gefühlt werden. Nur in der Ruhe und im Alleinsein kannst du mit ihnen in Kontakt treten. Also geh bewusst raus aus solchen Situationen und spüre, worum es wirklich geht. Staune, was da alles auftauchen kann, wertschätze diese Gefühle, versu-

che nicht, sie wegzudrücken. In dem Moment, wo du dich ihnen widmest, sie fühlst, werden sie sich von selbst auflösen. Das ist eine sehr hilfreiche Technik, deren Vertiefung ihr bei FREE SPIRIT erlernen und erfahren könnt.

Ich weiß, es ist nicht einfach, mit dieser Anforderung klar zu kommen, aber du gießt kein unnötiges Öl ins Feuer, lässt dich nicht auf diese Ebene der Diskussion ein und verlierst weder dein Gesicht, noch lässt du dich „um des lieben Friedens willen" auf etwas ein, was du eigentlich gar nicht willst. Du bietest keine Angriffsfläche.

Zieht sich der andere zurück, so hat er die schwierige Aufgabe, wenn er wieder auf der Bildfläche erscheint, die Situation zu klären. Mach dann bitte nur nicht den Fehler und werde zynisch, beleidigend oder selbst bockig. Verkneife dir Sätze wie „Ach, sieht man Dich auch mal wieder?", „Bist Du jetzt wieder normal?" „Jetzt habe ich auch keine Lust mehr mit Dir zu reden". Solche Worte greifen den anderen gleich wieder an. Sei einfach mal offen und warte ab, was dir der andere zu sagen hat. Er wird etwas zu sagen haben. Wenn du Glück hast, dann könnt ihr wieder normal miteinander umgehen und die Angelegenheit vernünftig und sachlich regeln.
Wenn nicht, dann solltest du schon allein dir zuliebe das Thema noch einmal aufgreifen. Bitte niemals unter den Teppich kehren. Dieser Staub verschwindet nie. Der Teppich beult sich irgendwann auf, weil du immer mehr drunter schiebst. Das ist nicht lösungsorientiert, sondern feige und deiner Seele gegenüber unverantwortlich. Darüber hatten wir auch schon gesprochen. Die Seele fühlt sich „verarscht", ihre Stimme wird nicht gehört. Das fällt dir irgendwann ganz gewaltig vor die Füße. Glaube mir, ich weiß, wovon ich rede. Acht Jahre habe ich alles Unausgesprochene unter dem Teppich gehalten. Irgendwann ist der Teppich

nicht mehr groß genug und der Körper wird krank, du stumpfst emotional ab, oder explodierst irgendwann. Verleugne dich nicht, und verletze so niemals deine empfindsame Seele.

Und noch etwas: Mach dir, wenn der andere in seiner Höhle schmort, keine Schuldgefühle oder beginne zu betteln, dass er sich doch wieder zeigen möge. Nein. Mach dich nicht klein, verliere nicht deinen Stolz. So ein Verhalten hat nichts, aber auch rein gar nichts mit dir zu tun. Der andere hat das Problem! Bleibe in der Wertschätzung dem anderen, und vor allem dir selbst gegenüber. Diese Botschaft ist mir ein ganz persönliches Bedürfnis an dein Herz, deine Seele. Du, ja du, bist ein wertvoller Mensch - wir alle sind das.

Ich habe nicht nur einmal heulend und schluchzend, mit den Nerven am Ende vor einem Mann gekniet (!) und gebettelt, verstanden zu werden. Ich habe mich für Dinge entschuldigt, die ich nie getan habe, für Worte, die von mir nie so ausgesprochen wurden, wie sie angekommen waren. Ich habe mehrmals meinen Stolz, meine Würde und - mit diesem Verhalten - meine Selbstachtung verloren. So hatte ich dem Anderen Macht gegeben. Und warum braucht ein Mensch das Gefühl „Macht haben zu müssen"? Weil er selbst schwach ist und seine Stärke nur darin findet, indem er andere schwach macht. Verstehst du, was ich damit sagen will? Bleibe dir treu und verhalte dich dementsprechend.

Zurück zur Geschichte und zum besagten Urlaubswunsch meines „Freundes", den ich abgelehnt hatte. Dadurch war er ja erst in die Höhle mit open-end verschwunden. Ich wunderte mich: Kein Auto, kein Geld, aber ein Wellness Hotel mitten in der Pampa. Urlaub machen und Geburtstag feiern im Kreis der zwei „liebsten Menschen in meinem Leben". Das wäre unter normalen

170

Umständen sicher eine wundervolle, romantische Vorstellung. Ich war allerdings, trotz meines Verliebtseins, bereits realistisch. Die Szenen, die sich aufgrund meiner bisherigen Erfahrungen mit Senior und Junior im Doppelpack als äußerst lebhafter Film vor meinem geistigen Auge abspielten, waren irgendwie alles andere als romantisch. Die gemütliche Anreise mit dem Zug nach Südtirol würde sich ungefähr so darstellen: dreimal umsteigen, dann weiter mit dem Bus oder im teuren Taxi mit Unmengen von sperrigem Gepäck, Ski und anderen Utensilien. Dann zur Begrüßung vor Ort Kaffee und Kuchen, Entspannung in der Sauna, Candle-Light-Dinner. Natürlich alles zu Dritt. Ein gutes Glas Rotwein im Kerzenschein, eine heiße Liebesnacht im Familienzimmer. Juchhu! Am Ende - und das war meine größte Sorge - bliebe ich noch auf den Kosten sitzen, weil man im Hotel nur mit Kreditkarte zahlen kann. Vielleicht mit meiner?

Nebenbei reflektierte ich, wie MEIN Geburtstag einen Monat vorher verlaufen war. Ein Anruf und ein kurzes Geburtstagsständchen im Duett. Das hatte mich echt gefreut. Wirklich. Aber ist es so abwegig auf ein Kärtchen, ein Blümchen, ein Bild, ein Stück Kuchen, ein kleines Präsent vom neuen Lover zu warten? Auch an Weihnachten wurde ich von allen Seiten liebevoll bedacht, nur nicht vom Lover. Autsch! Das Gefühl, welches unter der Enttäuschung verborgen war, war unendliche Traurigkeit.

Ach so, die Geschichte. Der Höhlenaufenthalt dauerte insgesamt ungefähr vier Tage und wurde ohne ein Wort der Entschuldigung oder einer Erklärung mit einem unerwarteten Anruf beendet. ER war lustig, fröhlich, gut drauf, machte Scherze und tat, als wäre nichts gewesen. Ich nahm das erst mal verwundert und irritiert zur Kenntnis, und beschloss, diese Themen und alle bisherigen „k.o.-Kriterien" beim nächsten Treffen persönlich anzusprechen.

So einen Rückzug in die Höhle musste ich in der mittlerweile sechsmonatigen Zeit unseres Zusammenseins öfters erleben. Das auslösende Muster war immer gleich und in meinen Augen banal: Ich bekomme nicht das, was ich gerne möchte und verziehe mich schmollend, auf unbestimmte Zeit. Machtgehabe! „Männer sind simpel" (Zitat aus dem Männermanifest).

Der erste Versuch, mich schriftlich verständlich zu machen, zu beschreiben, wie ich fühlte und was sein kindisches Verhalten in mir auslöste, war eine Art Gedicht, ein Aufruf meines Herzens. Inspiriert hat mich der Song von Wolfgang Petry „Mit offenen Armen steh ich hier" (Liedtext auf Seite 194-195).

Januar 2020: Hier steht ein Mensch – ein Brief von mir

Lieber Mann meines Herzens,

weißt Du, hier steht ein Mensch mit offenen Armen, mit offenem Herzen, mit reinem Gewissen und mit reiner Absicht. Seit ich Dich kenne, ist das so. Ein Mensch, der Dir sagt, dass er Dich über alles liebt. Dieser Mensch bin ich.

Hier steht auch ein Mensch, der „bedingungslos" geben kann. Seine Zeit, seine Energie, und noch viel mehr teilen kann. Ein Mensch, der mit Dir fühlt, der ernsthaft an Deinem Leben interessiert ist, der nachfragt, was Dir wichtig ist. Ein Mensch, der seine eigenen Interessen versucht in den Kontext der Beziehung zu stellen, der versucht zu erspüren, was er geben kann, um selbst noch zu leben. Dieser Mensch bin ich.

Dann steht da auch ein Mensch, der den Junior ins Herz geschlossen hat, der ihn annimmt, ihn total mag, ihn als absolut untrennbares Wesen neben Dir anerkennt. Ein Mensch, der den Papa glücklich sehen will. Auch dieser Mensch bin ich.

Hier steht ein Mensch, der sich Sorgen macht, der Mitgefühl empfindet. Ein Mensch, der fragt ob Hilfe, Unterstützung oder Rat gebraucht wird. Sich einfach einander im Arm halten. Das möchte auch ich. Dieser Mensch bin nämlich auch ich.

Ich kann Dir nicht immer all das geben, was Du vielleicht von mir erwartest, weil dieser Mensch (ICH) auch noch an sich denkt, weil er gerade seine Weichen für seine Zukunft stellt. Es sind wichtige Aufgaben, Gespräche und Termine - natürlich auch ausgefüllt mit Auszeiten für mich. Eben genau darum, um in der Leichtigkeit, im Fluss zu bleiben.

Meine Lebensenergie, Lebensfreude und meine Motivation entstehen beim Joggen, im Austausch mit Freunden, im Lesen, im Schreiben, in Kursen und Fortbildungen. Ich brauche zum Leben meine Meditationen, meine Kontakte, meinen Garten, mein Fahrrad, Schwimmen, und den See. Ist das so schwer zu akzeptieren, dass ich für mich und meine Seele sorgen möchte, und erst dann der unbeschwerte Mensch sein kann, den Du liebst?

Erst wenn ICH erfüllt bin, kann ich aus der Fülle Liebe und Lebensfreude geben. Ich gestalte meine Zukunft, und in dieser Zukunft sehe ich ein WIR. Bitte unterstütze mich hierbei. Mehr als dies anzuerkennen verlange ich doch nicht. Auch ich gebe Dir diese Freiheit.

Und dieser Mensch steht hier immer noch mit offenen Armen, im Herzen voller Liebe und Mitgefühl. Ich bin der Mensch, der immer noch da ist, trotz aller Verletzungen und Enttäuschungen. Allerdings versuche ich meine Würde und meinen Stolz zu bewahren.

Ja, ich möchte bei Dir sein, Dir Kraft und Halt geben, dennoch muss ich nebenbei selbst bestehen dürfen. Ja, ich möchte mich in Deinen Armen spüren, Dich lieben und Zeit mit Dir verbringen. Ich wünsche mir das von Herzen.

Auch mir steht ein Neuanfang bevor, den ich gerne mit Dir teilen möchte. Es kann doch nicht sein, dass ich mich so in Dir getäuscht habe. ICH glaube an ein WIR, aus DIR und MIR.

Ich wünsche mir, dass Du dieses Pflänzchen nicht verdursten lässt, dass es durch Dein Schweigen die Blätter hängen lässt. Das wäre schade.

Halten, sich gegenseitig Kraft geben, sich umarmen, lieben, annehmen, akzeptieren ohne Forderungen, ohne Erwartungen, nur mit gegenseitigem Respekt und Achtung. Das ist für mich bedingungslose Liebe aus dem Herzen.

Ich wünsche mir, dass auch DU DEINE Botschaft lebst. Die Liebe, die schon Jesus uns vorgelebt hat. Ich habe in den letzten Tagen und Nächten so viele Geschichten aus dem Neuen Testament dazu gelesen. Und ich frage mich immer „warum?". Sprich mit mir und gib dieser Liebe eine Chance.

Wir alle sind Engel mit einem Flügel, und nur wenn wir uns umarmen,
dann können wir fliegen.

Sieh mich, nimm mich mit all meinen Zielen, Wünschen und Träumen
ernst. Unterstütze mich, um diese zu leben. Mach Dich bitte nicht lus-
tig. Nur so kann ich die starke Frau an Deiner Seite sein.

Diese Botschaft, diese Bitte von mir, blieb bis heute unbeantwor-
tet. In dieser Nachricht steckte für mich so viel Gesprächspoten-
tial und so viele Möglichkeiten zur gemeinsamen Weiterentwicklung, wenn wir darüber hätten reden könnten. Auch in diesem
Moment, in dem ich die Geschichte aufschreibe, sind diese Gedanken von mir immer noch aktuell. Adressiert war alles, was
sich in mir angesammelt und aufgestaut hatte, aber war auch nur
eine Botschaft angekommen? Nein, und es stimmte mich unendlich traurig. Mein zweiter und letzter Versuch war dann mein
Geburtstagsgedicht - ebenso ohne jegliche Reaktion.

Was ich Dir wünsche

Was ich Dir wünsche, ist so viel,
es passt nicht alles aufs Papier,
deshalb gibt es heute dies Gedicht
als Kurzversuch von mir.

Als erstes wünsch ich Dir Gesundheit
denn es braucht nicht viel der Phantasie,
um klar zu seh'n, sie ist nicht alles,
doch alles ist nichts - ohne sie.

Erfolg und Reichtum, Fülle nur für Dich im Überfluss,
ich wünsch Dir das von ganzem Herzen in Vollkommenheit.
Vertraue, wie in einem langen Kuss,
Wundervolles wird in Dein Leben treten mit der Zeit.

Mein größter Wunsch für Dich jedoch ist Liebe,
sie bleibe stets bei Dir.
Und egal wie traurig Du gerade bist
Liebe findest Du bei mir.

11) Pure Leidenschaft

Trotz all dieser kuriosen Erlebnisse mit diesem Typen fühlte ich mich aus irgendeinem Grund magisch von ihm angezogen. Kaum stand ich vor ihm, versank ich in der Tiefe seiner Augen und in mir legte sich ein unsichtbarer Schalter um, der das Kontrastprogramm „Liebe & Leidenschaft" hochfuhr. Kaum berührten sich unsere Hände, unsere Zehen, unsere Körper, spürte ich so viel Nähe, so viel Wärme, und ein sehr intensives Kribbeln in mir aufsteigen. In diesen Energiefluss tauchten wir *beide* (das spürte ich, denn woher käme sonst dieser Flow?) sanft ein, spürten unsere Herzen im Gleichklang schlagen. Klärende Worte, die mein Verstand bereits mehrfach strukturiert vorbereitet hatte und die liebevoll, in achtsamen Botschaften verpackt, bereit waren zur Übergabe, verloren ihre Bedeutung. Sie flogen leicht und schwerelos mitten hinein in das brennende Licht unserer Leidenschaft. Die Magie des Augenblicks sog uns auf, mein Himmel klärte auf und färbte sich wieder rosarot. Und mein doch so klarer Verstand erlitt die nächste Niederlage. Er kam hier einfach nicht zu Wort. Seine in der Warteschleife hängenden Themen konnten nicht platziert werden. Er wurde von diesen unsichtbaren Energien zum wiederholten Mal einfach überwältigt, auf „Klappe halten" in den „Stand-by-Modus" gesetzt. Hoffentlich klemmte die Taste dann nicht, wenn die nächste Chance vor der Tür stehen würde.

12) Die Musik meiner Insel im Resonanzkörper des Anderen

Ich fragte mich seit Beginn dieser Verbindung, warum mir das Universum - so ganz nebenbei und völlig unerwartet - einen so liebevollen und dennoch total verrückten Menschen in mein Leben schob. In dem Fall auch noch einen Menschen, der mich so in seinen Bann zog und eine unwiderstehliche Anziehungskraft auf mich ausübte. Zuerst dachte ich „oh, was ist das denn jetzt? Das fühlt sich ja gerade echt gut an". Ich war neugierig auf den Menschen. Ja, es reizte mich, ihn und vor allem sein Leben, sein Umfeld kennenzulernen. Auf welcher Insel lebte er? Wie groß war diese Insel, wo stand sein Haus, seine Hütte oder sein Zelt? Wie lebte er auf seiner Insel? Mit wem lebte er dort? Welche Leichen hatte er im Keller, falls er einen Keller hatte? Wie bestritt er dort seinen Lebensunterhalt und wie pflegte er den Garten seiner Insel? Welche Träume, Ziele, Projekte und Vorhaben hatte er? War er bereit seine Insel zu verlassen, oder empfing er lieber Gäste?

Meine Neugier basierte auf ehrlichem und echtem Interesse, Forscherdrang und Abenteuerlust. Ich wollte neues Land erkunden, in dem Fall seine Insel. Vielleicht fand ich ja Anregungen für die Gestaltung meiner eigenen Insel oder wir trauten uns irgendwann gemeinsam auf eine neue Insel. War das nachvollziehbar, oder stellte ich hier außergewöhnliche, unrealistische Ansprüche?

Leider gewann ich immer mehr den Eindruck, dass ich mit der Präsentation MEINES persönlichen Insel-Modells in dieser abgefahrenen Beziehung alleine auf weiter Flur stand. Meinen Herzensmenschen schien meine Insel nicht zu interessieren.

„Be-ziehung" bedeutet für mich „miteinander in Bezug stehen". In der Kennenlernphase also möglichst viele gemeinsame Bezugspunkte zu suchen und zu entdecken, um diese dann, in der weiteren Phase des Zusammenlebens, mehr und mehr zu vertiefen, zu erweitern oder völlig neue zu erschaffen. In einer lebendigen Beziehung möchte ich ein offener Resonanzkörper sein, der auf einen anderen empfangsbereiten und ehrlichen Resonanzkörper trifft. Diese Symphonie aus Gedanken, Worten und Gefühlen kann heftige Schwingungen erzeugen, kann schräg und disharmonisch klingen, oder auch erquickend frisch und lebendig. Die Kunst, gemeinsam über reine Resonanzkörper ein harmonisches Meisterwerk in gegenseitiger Achtung und Würde zu kreieren, lässt die Beziehung des gesamten Orchesters erblühen. Es spielen ja immer auch andere Instrumente mit, begleiten die Hauptakteure. Nur so kann in meiner Vorstellung ein Meisterwerk der Musik entstehen und in vielfältigen Variationen wachsen.

Doch ich suchte vergeblich nach dem Resonanzkörper des Anderen, nach dem des Mannes, den ich auf einer bestimmten Ebene wirklich liebte - oder liebte ich nur die Leidenschaft? Leider offenbarte sich in dem Zusammenhang schon wieder ein neues k.o.-Kriterium, Nr. 13. Teils sehr offensichtlich, teils clever getarnt in vielfältigen Gewändern.

Ich möchte an der Stelle einige Beispiele geben, die dir, lieber Leser, vielleicht von der zugrundeliegenden Situation auch bekannt vorkommen, wenn auch nicht so offensichtlich. Überlege dir einmal, welche Menschen dir mit ehrlichem Interesse Fragen zu dir und deinem Leben stellen. Und dann auch noch offen und empathisch deiner Antwort lauschen. Ich stelle diese Frage absichtlich in den Raum, weil ich seit vielen Jahren dieses Phänomen beobachte. Was sind die Menschen oberflächlich geworden!

Ich beobachte sehr viel Desinteresse an anderen Menschen, an deren Lebensthemen, Werten und Einstellungen. Es geht mir nicht um die Frage „was hast du heute gemacht"? oder „wie war dein Tag?". Es geht darum, wer du bist, warum du so bist, und was dich zu dem, was du bist, gemacht hat. Welche Glaubenssätze, welche Einstellungen zum Leben du vertrittst und wie du dich in deinem Leben fühlst. Sorry, aber ich sortiere seit vielen Jahren diese Menschen aus - mein Lover fiel nach diesen Kriterien auch durchs Raster.

„Warum soll ich Dich fragen, worum es in Deiner derzeitigen Ausbildung geht, was Du genau studierst, in welchem Umfang Dich diese Aktivitäten beschäftigen? *(Zu der Zeit war ich mitten in der Coaching-Ausbildung und im Fernstudium Autobiographisches Schreiben).* Warum soll ich Dich in Deiner Lernphase unterstützen, mit Dir über die Themen der Ausbildung reden, oder etwa mit Dir lernen, mich als zehnter Proband zur Verfügung stellen, wenn das schon neun andere Menschen in Deinem Umfeld tun? Am Ende Deines Lebens, wenn Du vor dem großen Tor stehst, dann ist es nicht wichtig ob Du diese oder jene Prüfung bestanden hast. Dann zählt nur, ob Du gelebt hast - nicht irgendeine

Ausbildung. Dein Leben hängt nicht vom Bestehen der Prüfung ab. Wichtig ist das Hier und Jetzt mit mir".

Ich war sprachlos, enttäuscht und tief traurig. Selbst jetzt, als ich diese Worte zu Papier zu bringen versuchte, rang ich nach eben diesen Worten. Seine Einstellung verletzte nicht nur mein EGO, sondern vor allem meine Seele. Bildlich zog mein Herz irritiert und fassungslos seine ausgestreckten Ärmchen zurück.

Nach meiner Vorstellung sollte mein Partner IMMER der erste sein, der erfährt, was mich glücklich, zufrieden, traurig oder unzufrieden macht. Er sollte der erste ein, der mich unterstützt, mich ermutigt, der mich in den Arm nimmt und mir die richtigen Fragen stellt. Fragen, die mich in meiner und in unserer Entwicklung voranbringen. Er sollte der erste sein, der sich mit mir freut, der mit mir einen Erfolg feiert, mich über eine Niederlage hinwegtröstet, der mich motiviert, und der mir bei der Erreichung meiner Ziele, Wünsche und Träume zur Seite steht. Natürlich ist gerade für mich, einer Frau mit unendlich viel Power, ein Partner wichtig, der mir auch mal im richtigen Moment ein Stoppschild in den Weg stellt. Ein liebevoll lächelnder und verständnisvoller Partner, der hin und wieder meine Hand nimmt, der mich von der Autobahn zurück auf den Feldweg führt, und mich dort die Welt vergessen lässt.

ABER: Auch wenn ich im Coaching gelernt habe, dieses Wort nur sehr überlegt anzuwenden, in diesem Kapitel setze ich es bewusst in großen Buchstaben ein. ABER: „LEBEN" definiert doch jeder auf seine Weise, ganz individuell, oder? Wenn mein Partner Interesse an meiner Insel hätte, dann hätte er doch bereits erkennen müssen, was es für MICH bedeutete, mein Leben mit LEBEN zu füllen, oder? Ich erhebe keinen

Anspruch darauf, meine Definition vom Leben auf meiner Insel in allen Bereichen und Kriterien mit der Hausordnung der anderen Insel in Übereinstimmung zu bringen. Denn gerade diese Unterschiede, diese Diskrepanzen, erzeugen doch ein wundervolles Feld für inspirierende Kommunikation, für bereichernden Austausch und gegenseitige Entwicklung.

Es ist hochgradig spannend und so fundamental wertvoll, sich in einer Beziehung gegenseitig auf eine wertschätzende Art herauszufordern, sich zu hinterfragen, sich aneinander und miteinander zu reflektieren und sich durch diesen geistigen Austausch gegenseitig zu fördern und zu entwickeln, oder? Das jedenfalls ist meine Definition einer lebendig gelebten Partnerschaft.

Mehr als nur ein kleines Gewitterwölkchen trübte meinen strahlenden Himmel. Hier braute sich gerade ein ganz heftiges Unwetter zusammen, welches die Basis meiner Beziehung zu meinem neuen Lover stark in Frage stellte.

Endlich, oder?

13) Sehen und gesehen werden

Ich war mir stets bewusst, dass das Medium WhatsApp kein adäquater Ersatz für ein Gespräch unter vier Augen, für ein liebevolles miteinander umgehen, für Berührungen und intensiv gelebte Leidenschaft war. Allerdings war ich super dankbar, Beziehungen zu Menschen, zu meinen Freunden und auch zu meinem Partner über dieses Medium meist wohl überlegt zu bereichern, nachhaltig zu pflegen, oder neu aufzubauen. Sprachnachrichten, Bilder, Videos und Dokumente bieten einfach eine zusätzliche Möglichkeit, sich zu vernetzen, sich auszutauschen, sich mitzuteilen, Fragen zu stellen, zu lernen, über das Erlebte zu lachen, oder mitfühlend, tröstend zu sein. Auf dieser Ebene der Kommunikation ziehe ich sehr klar und sanft meine wahrhaftigen Resonanzkörper an. Die Menschen, die mit mir den gleichen Kanal hören und auf dem gleichen Kanal senden, die mit mir auf einer Frequenz schwingen, die mich ernst nehmen und in deren Umfeld ich mich gern bewege, sind mit mir im wahrsten Sinne des Wortes gerne vernetzt.

Das Wort „Resonanzkörper" leitet zum eigentlichen Thema „Sehen und gesehen werden" über und ebenso zu einem weiteren k.o.-Kriterium Nr. 14.
Es machte mich sehr traurig, wenn der Mann meines Herzens auf lieb gemeinte Worte und selbst verfasste Gedichte, auf sorgfältig ausgesuchte Bildchen mit Sprüchen oder fotografierte und markierte Seiten aus meinem aktuellen Lesestoff so gut wie nie einging, keinen Kommentar dazu übrig hatte, keine Frage daraus beantwortete, oder mir wenigstens den Raum gab, mich später mit ihm darüber auszutauschen. Mein Kanal lebt durch diesen Austausch. Die Frage stellte ich mir schon, ob dieser Mann etwa doch auf einer anderen Frequenz sendete? War ich und meine Welt denn so uninteressant, nicht eines Kommentars, einer Erwähnung oder gar der Rede wert? Wurde ich überhaupt gesehen? Wurde ich gehört?

Ich beleuchtete vorsichtig die persönlichen Gespräche, die Diskussionen Auge in Auge, unseren „Alltag" des Zusammenseins. Mein Redeanteil war verschwindend gering, obwohl ich grundsätzlich echt viel zu erzählen und beizutragen hatte. Aber wollte er das überhaupt hören, sehen oder mit mir fühlen? Ich vermisste empathisches und aufrichtiges Zuhören, wie ich es mit meinen Freunden erlebte. Ich vermisste klärende Rückfragen, interessiertes Hinterfragen und offene, neugierige Fragen. Damit meine ich „Wer ist das? Was machst Du da? Wie ist das ausgegangen? Worüber machst Du Dir Sorgen? Warum ist Dir dies oder jenes so wichtig?" Diese Fragen würden Interesse an mir, an meinem Leben, an meiner Insel, die ich doch so gerne mit dem Mann meines Herzens teilen mochte, zeigen. Meine Einstellung war, dass es nur dann, wenn wir beide die Insel des anderen erforschten, sie mit offenen Augen sahen und versuchten in die dortige Hausordnung Einblick zu bekommen, möglich war, uns eine gemeinsame, neue Insel zu erschaffen, auf der jeder seine Werte gleichberechtigt verwirklichen kann. War SEIN einziges Ziel, mich auf SEINER Insel zu haben?

Wir redeten häufig über andere Personen, die mit ihm auf seiner Insel lebten, oder die sein Leben in irgendeiner Art beeinflusst hatten. Es freute mich, dass ich einige dieser Menschen in Smalltalks bereits kennengelernt, er mir viele von ihnen bereits vorgestellt hatte, und sehr darauf bedacht war, mir weitere möglichst persönlich präsentieren zu dürfen. In dem Zusammenhang irritierte mich die Frage: *„Wenn ich dann demnächst drei Tage bei Dir bin, möchte ich aber nicht alle möglichen Leute besuchen und diesen vorgestellt werden, sondern unsere kostbare Zeit nutzen und diese nur mit Dir verbringen".* Und noch eine Aussage klang in meinen Ohren nach: *„Es interessiert mich nicht, mit wem Du wo, wann und wie lange unterwegs bist. Nur WIR sind wichtig".* Das sah ich im Grunde genommen genauso. ABER: Die Worte passten einfach nicht zu unseren gemeinsamen Erfahrungen und Erlebnissen. Auch meine Welt war doch wichtig, oder etwa nicht? Dieses gewichtige k.o.-Kriterium Nr. 15 hinterließ gerade tiefe Furchen und schwere Narben auf meiner Seele.

„Lieber Traummann, wenn Du mich aufrichtig liebst, dann sieh mich in allem was ich bin, höre mir mit ehrlichem Interesse zu, fühle Dich in meine Welt hinein und schaffe UNS, unserer Gemeinsamkeit, dem WIR einen Raum".

Der Fluss des Lebens - Gemeinschafts-Lyrik

<u>*Vorlage durch IHN*</u>

Das ist der Fluss des Lebens,
der „Kampf" der Liebe, der ist nie vergebens.
Früher oder später - jeder wird sie wohl erleben,
die Kämpfe in seinem Leben.

Wie oft hab' ich gekämpft,
wie oft bin ich zu schnell gerannt,
nicht selten auch mal gegen die Wand.

Doch ich glaube, langsam habe ich erkannt
Warum ich bin so viel gerannt
Nun will ich nicht mehr rennen
Und immer mehr erkennen.
Das Licht, die Liebe, das Leben und den Fluss...
Die Liebe, die kennt keinen Schluss.

Zu Ende gedichtet durch MICH

Drum bleibe JETZT in Frieden stehen,
hör mir zu und blick in meine Augen.
Ich wünsch' mir was... Du wirst es sehen
Ich möchte nicht nur den Verstand Dir rauben.

Ich möcht mit DIR das Leben leben
Intensiv mit Leidenschaft und Sinnlichkeit.
Doch brauch ich Raum mich zu bewegen
Zusätzlich zu dem der Zweisamkeit.

Weil ich Dich liebe möchte ich erfahren
wer Du bist und was Dich so bewegt
So will auch ich mich offenbaren
Erzähl mir, was hast Du heute schon erlebt?

Ich bin weit gelaufen heute Morgen
durch die Sonne entlang am Fluss
Meine Seele, die war traurig und in Sorgen
Hab dann geträumt von einem langen Kuss...

Hey, auch ich brauch grad ein wenig Halt und Kraft.
Worte zur Ermutigung „hey, ich weiß, dass Du das schaffst"
„Ich helfe Dir, hab keine Angst, ich SEHE Dich..."
In Deinen Armen spür ich Dich ... und mich.

Die Steine dort im Fluss des Lebens gilt es achtsam zu umfließen.
Sich nicht mit aller Kraft dagegenstemmen,
sondern innehalten und dann den Moment genießen,
so manch' Weisheit oder Lehre drin erkennen.

Der Mann an meiner Seite sollte zu mir steh'n,
Ihn möcht um Rat ich fragen.
Seine Meinung ist mir wichtig, seine Argumente will ich sehn.
Egal, was all die anderen sagen.

Mit ihm will ich meine Aufgaben, Beweggründe und Werte diskutieren,
meine Wünsche, Ziele und Visionen teilen
Nächtelang philosophieren
Im Miteinander all unsere Verletzungen heilen.

Der Fluss des Lebens fließt dahin
In Ehrfurcht und Dankbarkeit öffnet mein Herz sich weit.
Es weiß, in allen Hindernissen liegt ein tiefer Sinn.
Doch achte stets die zarte Seele in ihrer eigenen Zerbrechlichkeit.

Im Fluss des Lebens fließt die Liebe tief und rein...
so vermag sie unsere Herzen zu berühren.
In Leichtigkeit tritt sie dann ein
und wird uns in das Glück entführen....

14) Die Bedeutung der Vergangenheit für das JETZT

Meine Vergangenheit gehört zu mir, denn all diese Erlebnisse und Erfahrungen haben mich zu dem Menschen gemacht, der ich HEUTE bin. Und alles, was ich erfahren, erlebt und gefühlt habe, sind Bereicherungen für mich, wertvolle Schätze auf meiner bisherigen Reise. Ein Satz verletzt allerdings nicht nur meinen Stolz, meine Würde und meinen Wert als Mensch, sondern vor allem mein Herz: *„Es ist nicht wichtig, welche Ausbildungen Du schon absolviert hast, welche Kurse Du gegeben hast, welche Bücher Du gelesen hast. Es interessiert mich nicht. Ich habe Deine Liste nicht angesehen.*

Was für mich zählt ist das JETZT. Wer bist Du jetzt, was lebst Du jetzt". Diese Ignoranz, die ich hier erlebte, tat mir sehr weh.

Die Inhalte der Kapitel verschwimmen allmählich, was für mich aber gerade das gesamte Bild meiner Erlebnisse in dieser Beziehung JETZT, während ich diese Ereignisse zu Papier bringe, immer klarer erscheinen lässt.

Ich dachte, ich könnte mein Bild einer glücklichen Beziehung mit vielen bunten Farben immer kräftiger ausmalen. Nein, ich täuschte mich. Ich malte dafür immer mehr und immer dunklere Wölkchen in meinen rosaroten Himmel, bis er fast nur noch grau war. Mit den k.o.-Kriterien aus dem Erlebten übermalte ich die schillernden, bunten, lebendigen und fröhlichen Farben. Regentropfen fielen aus diesem Himmel, der einst so vielversprechend rosarot gewesen war. Der Himmel begann zu weinen. Ich auch.

15) „Wenn die Giraffe mit dem Wolf tanzt" - Meine Erfahrungen mit Gewaltfreier Kommunikation

Viele meiner Werte, die ich bewusst versuche in meinem Leben umzusetzen, habe ich in der schamanischen Welt kennengelernt und erfahren.

Für mich geht es darum anzuerkennen, dass jeder Mensch auf seine Weise wertvoll und einzigartig ist und es mir nicht zusteht, ihn aufgrund seiner Werte und Einstellungen zu verurteilen. Ich muss nicht einverstanden sein mit seinem Gedankengut, aber ich möchte ihn als Mensch respektieren. Ich darf ihm meine Einstellung und mein Lebensmodell vorstellen und an die Hand geben, wenn er aufmerksam und bereit dazu ist. Dann darf er selbst entscheiden, wer er sein möchte. In der Diskussion, im gegenseitigen Austausch, ist es für mich ein Grundprinzip achtsam und wertschätzend zu kommunizieren. Selbst wenn ich mich ungerecht behandelt fühle, ich wütend bin, emotional aufgebracht oder traurig, dann werde ich keine Giftpfeile abfeuern. Mein Anspruch ist es, jederzeit in der Lage zu sein ruhig und wertschätzend zu kommunizieren. Ich bin nicht bereit, mich von schreienden und tobenden Menschen beleidigen zu lassen, mich verurteilen oder beschimpfen zu lassen. Ich möchte mich niemals auf deren niedere Schwingung in diesem Moment einlassen und deren Gift in mein Herz lassen.

Ich bin überzeugt davon, dass es mir hinterher besser geht, als wenn ich mich auf eine niedere Ebene der Kommunikation einlasse. Meine Wut kann ich auch anderweitig loswerden. Ein kurzer Sprint, ein paarmal heftig ausatmen und weiter geht's. Ich möchte nicht in dieser Energie gefangen bleiben und womöglich im Anschluss noch mit möglichst vielen Menschen darüber sprechen, welch einem unmöglichen Menschen ich da gerade begegnet war.

Das Modell der Gewaltfreien Kommunikation von Marshall Rosenberg hat mir schon lange die Augen geöffnet und hilft mir, mit Begegnungen dieser Art fertig zu werden. Der wichtigste Aspekt ist, bei mir und meiner Wahrnehmung zu bleiben und auf meine Gefühle zu achten. Ich möchte beobachten, was das Verhalten des anderen bei mir auslöst. Vielleicht hat der Sender diese Verletzung, die ich als solche spüre, gar nicht beabsichtigt und nur nicht in meiner Sprache gesprochen. Oder ich hatte einen anderen Kanal als Empfänger eingestellt und das Gesagte in einem völlig anderen Zusammenhang gesehen. Ich möchte niemals mit dem Zeigefinger auf den anderen zeigen, ihm drohen, ihn beschimpfen, oder behaupten „DU tust mir weh, … DU bist schuld dass ich … DU machst mich wütend, …". Nein, es geht auch anders. Und *wenn der andere weiter toben will, dann darf er das gerne tun. Seine Aggression, seine Wut, hinter der oft nur Angst oder Bedürftigkeit steckt, darf bei ihm bleiben. Bin ich selbst emotional sehr stark berührt vom Verhalten eines anderen, dann hat das IMMER etwas mit mir zu tun. Entweder ich bin völlig anderer Meinung, lehne etwas total ab, oder ich gebe einem bestimmten Anteil meines ICHs nicht genug Raum zur Entfaltung.*

Der Mann an meiner Seite ließ seiner Wut und seiner Aggression leider in jeder Situation freien Lauf. Alles musste direkt zum Verursacher zurück. Ich durfte das mehrere Male miterleben und spürte dabei jedes Mal, wie sich mein Herz zusammenzog, sich verschloss. Die Energiewelle, die sich in solch einer Kommunikation ausbreitete, erfasste mich jedes Mal so heftig, dass ich mich total zurückzog. Bisher war ich auf kein Verständnis gestoßen, wenn ich nach so einem Erlebnis versuchte die Gefühle anzusprechen, die bei allen Beteiligten bei solch einem Ausbruch hängen blieben. K.o.-Kriterium Nr. 16.

Im Umgang und in der Kommunikation mit „meinem Freund" war ich in jeder Diskussion, in jeder Meinungsverschiedenheit aufrichtig bemüht, bezüglich seiner Argumente offen zu sein, empathisch zuzuhören und wertschätzend meine Meinung zur Sprache zu bringen. Ich verletzte oder demütigte niemals mit Absicht, versuchte niemals etwas zu unterstellen, was ich nicht wusste. Ich war nie beleidigt oder klagte an. Ich bemühte mich einfach, meine Gefühle in Worte zu fassen, die bestimmte Verhaltensweisen von ihm in mir auslösten. Ich formulierte und adressierte mit freundlichen Worten einen Wunsch, wie ich mich besser fühlen könnte.

Ja, ich bin bestimmt kein Engel, aber ich möchte im Einklang mit meinem Herzen leben und diese hochschwingende Energie, die sich aus diesem Klang ergibt, in mein Umfeld und in die ganze Welt tragen. Das bedeutet nicht, dass ich Ungerechtigkeit, Wut, Hass und Verletzungen wortlos hinnehme. Ich bin ein sehr emotionaler Mensch, der seine Art mit Meinungsverschiedenheiten umzugehen so oft wie möglich hinterfragt und versucht, in positive Resonanz zu gehen, um sich nicht in der „Kette des Schmerzes" (aus dem Kinderbuch „Sara und die Eule" von Ester und Jerry Hicks) zu verfangen.

Lieber Leser, keiner unserer Mitmenschen ist unnütz. Jeder kann uns IMMER als Beispiel, als Reflexion für irgendetwas dienen. Jeder Mensch, der uns im Leben begegnet, hat eine Botschaft für uns im Gepäck. Häufig ist das eine Botschaft für unsere eigene individuelle Entwicklung. Für mich bedeutet das, dankbar für jede noch so heftige Begegnung oder Erfahrung zu sein. Und Dankbarkeit ist eine sehr hohe Schwingung, auf deren Wellen nach dem Gesetz der Anziehung Fülle und Reichtum zurückkommen. Physisch, geistig, materiell, oder in neuen Begegnungen und Lehren.

16) Auf der Suche nach dem spirituellen Lehrer - Erkenntnisse und Botschaften

Auf der Suche nach einem spirituellen Lehrer habe ich mich selbst gefunden. Oder besser, ich habe zu mir gefunden. Diese Geschichte, die meine Erlebnisse mit einem Mann schildert, hatte sich acht lange Jahre vorher bereits schon einmal in ähnlicher Form in meinem Leben abgespielt. Exakt die gleichen k.o.-Kriterien, die meine Seele in dieser Begegnung von Anfang an gespürt hatte, kosteten mich acht Jahre lang Kampf und Energie. Ich wollte nicht aufhören und glaubte unerlässlich daran, dass sich alles verändern würde. Bis ich endlich kapierte, dass mein Kampf niemals zum gewünschten Erfolg führen würde, es sich nicht mehr lohnte, mehr Energie zu verlieren, als ich gewann.

Lieber Leser, erkenne rechtzeitig, wann etwas loszulassen ist. Du wirst es immer spüren. Es fühlt sich einfach nicht mehr richtig, nicht mehr stimmig an. Du verlierst mehr Energie, als du in dieser Beziehung gewinnst. Spüre hin.

Diesem Lernprozess folgte prompt eine Prüfung. Und genau diese Prüfung hat mir das Universum über die „*Repeat-Taste*" präsentiert.

Bereits in der ersten, bzw. zweiten Begegnung mit diesem Mann hatten mir mein Unterbewusstsein, meine Seele und mein Herz durch ein leises „Autsch" Hinweise gegeben. Ich wollte diese aber nicht hören, hatte diese Hinweise verdrängt.

Du weißt schon, lieber Leser, das ist dieses komische, beklemmende Gefühl im Bauch oder im Herz-Chakra. Die Stimme des Unterbewusstseins spricht immer sanft und leise. Doch wenn du still bist und ganz ehrlich zu dir selbst, dann kannst du sie immer wahrnehmen.

Diese Verdrängung beherrschte ich nur zu gut, hatte ich sie doch jahrelang täglich trainiert.

Doch, lieber Leser, das Wichtigste dabei ist, wie du mit dieser Stimme umgehst. Du kannst sie einfach wegdrücken, sie ignorieren, sie übergehen. Das wird aber nichts bringen, denn sie wird dich weiter quälen, wird dir Energie rauben in einem Kampf, der immer heftiger wird und immer mehr Einsatz von dir abverlangt. Oder aber du erkennst die Stimme an, bist dankbar und entscheidest dich ganz bewusst, den Lauf der Dinge aufmerksam zu beobachten und immer wieder deinem Gefühl Raum zu geben. Erkenne an, was du fühlst. Auch weniger schöne Gefühle gehören zu dir und wollen gesehen und vor allem gefühlt werden. Du kannst immer ganz bewusst entscheiden, wie du mit der Situation umgehst und wie weit du etwas „ertragen kannst", ohne dass sich Wut, Ärger, Zorn oder Traurigkeit in dir ausbreiten. Du wirst sicher hin und wieder enttäuscht werden, wirst dich ärgern, wirst wütend sein. Das Entscheidende dabei ist aber, diesen Emotionen keine Macht über dich zu geben. Steh zu dir, zu deinen Werten, Zielen, Wünschen und Träumen. Du musst diese nicht rechtfertigen und dich nicht verteidigen. Sie gehören zu dir. Das bist alles du. Und du bist der wichtigste Mensch in deinem Leben.

Sorge dafür, dass es dir gut geht, dass du auf DEINEM Spielfeld der wichtigste Spieler bist. Stelle DEIN Team zusammen, entscheide wer mit dir spielt. Das hat nichts mit Egoismus und Arroganz zu tun, wenn du in deinem Spiel die Werte, die Bedürfnisse und die Seelen der anderen achtest, wenn du wertvoll und auf Augenhöhe mit deinen Mitspielern umgehst, sie unterstützt und ernst nimmst. Das macht dich würdevoll und stark.

Wohin mich die liebevollen und achtsamen Hinweise meiner Seele geführt haben, zeigt meine Geschichte. Und diese Geschichte ist noch nicht zu Ende. Ich bin in meiner vollen Kraft, stehe zu meinen Werten und verliere mich nicht mehr darin, anderen ihre Bedürftigkeit zu erfüllen.

17) Im Taumel der Klarheit über die Wahrheit zur Stabilität

Im Taumel der Klarheit über die Suche nach der Wahrheit habe ich meine Werte, meine Kraft und meine Stabilität gefunden. Hierüber bin ich unendlich dankbar. Ich hatte mir immer gewünscht, dass der Mann meiner Träume mich endlich sieht, wertschätzt und mich anerkennt, mit all meinen bunten Facetten. Das ist eigentlich alles und doch ist es ganz schön viel. Ja, ich bin unendlich dankbar für die Begegnung mit diesem Mann und ich stand sehr lange mit offenem Herzen und offenen Armen vor ihm. Ich war bereit, mit ihm durch dieses Leben zu gehen.

Bedingungslose Liebe bedeutet, den anderen zu sehen, ihm Raum zu geben, in dem er sich regenerieren und entwickeln kann, und ihn jederzeit in seiner Entwicklung zu unterstützen. Erst dann kann jeder in seiner vollen Kraft und Vollkommenheit auf der gemeinsamen Insel das große Geschenk des Miteinanders empfangen und leben. Das ist Heilung in der Liebe.

In der Zwischenzeit aber ging MEIN Leben weiter. Ich hatte mich entschieden, nicht noch einmal in der Schleife dieser Lektion hängen zu bleiben, nicht gesehen und nicht wertgeschätzt zu werden. Die Repeat-Taste brauchte ich für diese Lektion bitte nicht mehr. Ich traf die einzig richtige Entscheidung und fühlte mich sofort stark und energiegeladen. Ich trennte mich von dem Mann meiner Träume und wurde endlich wieder frei. Mit einer Menge an wundervollen und wundersamen Erfahrungen im Gepäck konnte ich wieder durchstarten.

Ich bin gespannt, welche Aufgaben das Leben jetzt für mich bereithält, denn *„Immer, wenn glaubst du hast die Antwort, dann ändert*
das Leben die Frage".

Mit offenen Armen - *Songtext von Wolfgang Petry*

Mit offenen Armen steh ich hier,
ich bin so sicher wie noch nie.
Was ich Dir gebe, kommt wieder von Dir,
zurück zu mir.

Mit offenen Armen steh' ich hier
will nicht mehr unerreichbar sein.
Ich will nur sagen Du bist nicht allein,
nicht mehr allein.

Man lernt zuerst das Verlieren
und kein Schatten fällt ohne ein Licht.
Unsre Gefühle dreh'n sich oft nur im Kreis
ich weiß, ich weiß.

Ich wollte Dich nie verführen,
nicht mit Musik oder Show oder Licht.
So kann ich nie in Deiner Nähe sein
so nicht, so nicht.

Mit offenen Armen steh' ich hier
ich fühl' mich frei, wie nie zuvor.
Ich weiß genau was ich will,
bei diesem Spiel.

Mit offenen Armen steh' ich hier
ich will ganz ehrlich zu Dir sein.
Ich könnte niemals jemand anders sein,
nur so zum Schein.

Man lernt zuerst das Verlieren
und kein Schatten fällt ohne ein Licht.
Unsere Gefühle dreh'n sich oft nur im Kreis
ich weiß, ich weiß.

Man sollte viel mehr Herz riskieren
nicht danach geh'n wieviel man erreicht.
Könnte sein das wir uns besser versteh'n,
vielleicht, vielleicht.

Ich wollte Dich nie verführen,
nicht mit Musik oder Show oder Licht.
So kann ich nie in Deiner Nähe sein
so nicht, so nicht.

Am schönsten wär Du könntest spüren
was ich Dir nicht mehr erklären kann.
Wir könnten verschlossene Türen sein
ich glaub daran.

Viertes Kapitel - Meine Botschaften, mein Herzenswunsch und mein Geschenk an meine Leser

Ein Lehrer zu sein bedeutet gleichzeitig, auch immer wieder neu ein Schüler zu sein

1) „Und kaum hast du die Antwort, da ändert das Leben die Frage"

Meine Erkenntnis: Immer dann, wenn du nichts erwartest, wenn du einfach nur im JETZT lebst, dir erlaubst, dich dem Fluss des Lebens hinzugeben, dann passieren Dinge, mit denen du niemals im Leben gerechnet hast.

Meine Botschaft: Genieße das Leben und lass dich im Fluss der Dinge treiben, wann immer es dir möglich ist. Sei offen für ALLES, was dir begegnet und immer neugierig. Sag' nicht immer gleich nein, sondern probiere was aus. Trau dich, sei wild und verrückt. Was kann schon passieren?

2) Begegnungen

Meine Erkenntnis: Herzen können tatsächlich miteinander sprechen. Es fließt immer Energie zwischen Menschen. Manchmal stärker, manchmal schwächer. Manchmal beflügelt diese Energie, manchmal zieht sie einen nach unten. Manchmal verwirrt sie einen, manchmal sorgt sie für Klarheit und Entscheidungen. Es ist immer ein spannendes Erlebnis, sich auf das (Er-)spüren einzulassen. Jeder Mensch fühlt sich anders an.

Meine Botschaft: Spiele dieses Spiel doch mal. Nimm eine andere Person einmal bewusst nur über ihre energetische Ausstrahlung, über ihre Aura wahr. Was fühlst du, wenn du dieser Person näherkommst? Was macht die Begegnung mit dir? Wo spürst du etwas? Was spürst du?

Lass dich ein auf Begegnungen, sei auch hierbei neugierig, offen, wertfrei. Be- und verurteile nicht zu schnell. Versuche einfach einmal, jeden Menschen neutral und wertfrei zu sehen. Gib dem anderen eine Chance, sich so zu zeigen, wie er ist. Du könntest überrascht werden.

3) Gewohnheiten und Routine

Meine Erkenntnis: Der Verstand möchte sich nicht ständig auf Neues einstellen. Er liebt Gewohnheit und Routine. Warum? Weil Gewohnheit und Routine wie Energiesparprogramme ablaufen. Auch unser Verstand ist darauf programmiert effizient und kräfteschonend zu arbeiten. Wir kennen das von unserem Körper, seinem Stoffwechsel und unserer Muskulatur. Daher ist es auch verständlich, dass unser Kopf versucht, diese Muster und Gewohnheiten vehement und permanent immer aufs Neue zu verteidigen.

Meine Botschaft: Werde dir deiner Gewohnheiten bewusst. Hinterfrage öfter mal deine Verhaltensweisen. Das, was gestern stimmig war, muss heute schon lange nicht mehr richtig sein. Vielleicht haben sich die Umstände geändert, oder die Personen. Stelle dich jeden Tag neu auf das Leben ein. Mach mal was anders, verändere die Reihenfolge oder tu was komplett Neues. Das ist auch wichtig für die Gehirnstrukturen, für geistige Flexibilität. Und da Geist und Körper zusammenhängen, ist es genauso wichtig, sich auch körperlich flexibel zu halten. Laufe doch mal rückwärts, praktiziere eine Dehnungsübung an der Parkbank, zieh mal deine Schuhe aus und laufe im Winter ein Stück barfuß durch den Schnee. Spüre und staune: das ist Leben!

4) Die k.o.-Kriterien

Meine Erkenntnis: Das komische Gefühl im Bauch, ein Unwohlsein, die von mir bezeichneten, gefühlten „k.o.-Kriterien" sind meistens exakt die Themen oder Verhaltensweisen, die nicht heilbar sind, die sich keinem Kompromiss unterwerfen lassen und früher oder später zum Bruch oder zur Trennung führen. Früher oder später - je nachdem wie zäh der eigene Kampf geführt wird.

Meine Botschaft: Es geht dabei nur darum, die eigene innere Stimme, die Stimme unserer Seele ernst zu nehmen, sie zu beachten, oder diese sanfte, leise Stimme wenigstens wahrzunehmen. Die Seele kommuniziert immer mit uns - aus dem Unterbewusstsein über unser Bauchgefühl.

5) Das Unterbewusstsein

Meine Erkenntnis: Unser Unterbewusstsein ist schlau. Es ist sogar allwissend, denn es ist über unsere Seele mit der universellen Weisheit, dem kollektiven Bewusstsein verbunden. Ich bin überzeugt davon, dass es uns Warn- und Stoppschilder schon in den ersten Begegnungen mit Menschen offenbart. Es stellt uns immer wieder Schilder in Form von „komischen Gefühlen" entweder glasklar vor die Nase, oder unübersehbar deutlich in den Weg. Leider ignorieren wir diese auf der rosaroten Wolke des Verliebtseins oft vollständig, oder wir nehmen diese Warnungen zwar wahr, schieben sie aber erst mal beiseite. Wer kennt das nicht?

Meine Botschaft: Übe dich darin, die Zeichen wahrzunehmen und entscheide dann bewusst, inwieweit du dich auf den Menschen oder die Situation einlässt. Achte bitte unbedingt darauf, wie wichtig dir JETZT im Moment deine eigenen Bedürfnisse sind. Klar, du kannst nicht immer alles haben, Kompromisse sind wichtig. Aber deine Entscheidung darf sich einfach nicht so anfühlen, als hätte man dir gerade einen Schlag in die Magengegend verpasst. Frage dich bitte immer wieder, wann, wie häufig und in welchen Situationen du deine Bedürfnisse zurückstellst. Wie geht es dir dabei? Kannst du ihnen später Gehör verschaffen, sie befriedigen oder irgendwie auf eine andere Art einfordern?

Stelle dir immer wieder die Frage, in welchen Situationen du Grenzüberschreitungen zulässt? Ist dir überhaupt bewusst, dass Du es hin und wieder tust? Oft erkennen wir ein solches Verhalten erst hinterher als Grenzüberschreitung, weil wir in dem Moment einfach irritiert, verwundert und verdutzt sind, und demzufolge dann verunsichert und sprachlos. Aber genau das ist wieder der Moment, indem die Seele mit uns redet und sich mit diesem „unangenehmen Gefühl" bemerkbar macht.

6) Oberflächliche Kommunikation - Fragen

Meine Erkenntnis: Ich beobachte seit vielen Jahren eine sehr starke Oberflächlichkeit der Menschen in ihrer Kommunikation untereinander. Beobachte mal in deinem Umfeld, wie viele Menschen es gibt, die dir erstens wirklich durchdachte und intelligente Fragen stellen und zweitens dann auch ehrlich an deinen Antworten interessiert sind. Welche Menschen zeigen auf diese Art ehrliches Interesse an dir? Oder welche Menschen fragen nur, um auf ein Stichwort von dir zu warten, um dann selbst ihren Müll bei dir loszuwerden - wenn sie überhaupt fragen. Es geht dabei nicht um banale Fragen „wie geht's Dir?", oder „was hast Du heute in der Arbeit erledigen können?". Es geht um Fragen, die tiefer gehen, die dich, dein Handeln, deine Werte, deine Persönlichkeit und dein Sein hinterfragen. Fragen, die nach den Ursachen deiner Befindlichkeit forschen, zum Reflektieren anregen, ein Warum in den Raum stellen, oder einfach einen Blick in die Zukunft werfen.

Meine Botschaft: Suche dir diese Menschen, denn sie bringen dich wirklich weiter im Leben. Solltest du dich jetzt fragen, wie du sie findest, dann sei selbst einfach ein solcher Mensch. Ein Mensch, der aus ehrlichem Interesse fragt, interessiert ist und offen ist für die Antwort. Aber bleibe dabei authentisch. Frage nur dann tiefer, wenn dich die Antwort wirklich interessiert. Und wenn du an deiner eigenen Entwicklung arbeitest, dann gibt es bei jedem Menschen irgendetwas Spannendes zu entdecken. Gehe mit dieser Einstellung durchs Leben und du wirst immer den Menschen begegnen, die JETZT gerade wichtig für dich sind. Vertraue!

7) Geld und Einladungen

Meine Erkenntnis: Die Verteilung von monetären oder materiellen Dingen ist häufig nicht ganz ausgewogen. Gerade wenn zwei komplett unterschiedliche Menschen zusammentreffen. Das beginnt bei der Füllung des Kühlschranks, geht über Klamotten, Schuhe, bis hin zu Freizeitaktivitäten. Jeder hat andere Prioritäten, für die er mehr oder weniger Geld auszugeben bereit ist. Und häufig führt das dazu, dass sich einer von beiden untervorteilt oder ausgenutzt fühlt. Das kann sich für den einen so anfühlen, ohne dass der andere dieses Gefühl teilt. Dem anderen ist aus verschiedenen Gründen vielleicht gar nicht bewusst, dass die Situation so ist, wie DU sie jetzt gerade empfindest. Manchmal traust du dich vielleicht auch nicht, dir das eine oder andere zu gönnen, weil es ja gemeinsames Geld ist, das ausgegeben wird.

Meine Botschaft: Sprich dieses Gefühl immer offen an. Meine Erfahrung ist, dass sich der andere oft gar nicht bewusst ist, dass hier ein Thema zur Klärung im Raum steht. Verdränge auch in dieser Situation das unangenehme Gefühl in deinem Solarplexus nicht. u weißt mittlerweile, wovon ich spreche, oder?

8) Selbstliebe und eigene Wertschätzung

Meine Erkenntnis: Du kannst nur Zeit, Aufmerksamkeit und Liebe geben, wenn Du Dir diese selbst zugestehen und auch entgegenbringen kannst.

Meine Botschaft besteht in der Aufforderung an dich, lieber Leser, die Liebe zu dir selbst zu hinterfragen. Diese geht oft unter in der Liebe zu einem anderen Menschen. Beantworte dir ehrlich diese Fragen:

- Schenkst du dir selbst die Liebe, die du dem anderen entgegenbringst?

- Wertschätzt und achtest du dich in gleicher Weise wie den geliebten Menschen?

- Gönnst du dir materiell genauso viel, wie du je für dich selbst ausgeben würdest, oder bist du bei dir eher sparsam?

- Gibst du deiner Seele den Raum, den sie für sich selbst benötigt, um wieder aufzutanken, oder ordnest du ihre Bedürfnisse der Zweisamkeit unter?

- Kämpfst Du tatsächlich? Wenn ja, wofür?

Liebe darf aus meiner Sicht kein Kampf, sein, denn Liebe soll fließen. Bedingungslos, absichtslos und ohne jegliche Anstrengung. Liebe ist ein Geben und Nehmen in einer Art und Weise, in der sich alle wohlfühlen. In der Liebe zu dir selbst geht es um deine zarte und verletzliche Seele. Lass sie zu Wort kommen und gib ihr Aufmerksamkeit und Fürsorge. Am Ende des Buches wirst du sicher einen Weg gefunden haben, wie du deiner Seele mühelos und mit Leichtigkeit begegnen kannst.

9) Möglichkeiten und Chancen

Meine Erkenntnis: Ich habe inzwischen kapiert, dass sich in JEDER noch so abstrusen oder ausweglosen Situation tatsächlich immer Möglichkeiten und positives Potential verbergen, die sich dir zeigen und sich dir eröffnen können. Und wenn es nur eine Lernaufgabe für das Leben ist. Oft rückt diese Chance, die Option, oder die neue Erfahrung nicht sofort und offensichtlich ins Licht, sondern offenbart sich erst später.

Meine Botschaft: Vertraue und staune.

10) Lehrer und Vorbilder

Meine Erkenntnis: Spirituelle Lehrer und Vorbilder sind wichtig. Sie sind eine Orientierungshilfe, bieten Leitlinien und geben uns Hilfestellung durch gezielte Fragen. Sie zeigen uns Wege und Übungen zur gnadenlosen Selbstreflexion. Sie bieten uns Möglichkeiten an, weisen uns auf Türen hin, die wir selbst vielleicht nie gesehen hätten. Und sie machen uns Mut, diese Türen auch zu öffnen. Diese Rolle können auch gute Freunde übernehmen.

Meine Botschaft: Ich glaube, es ist sehr wichtig, vor allem wenn du selbst auf der Suche nach Lehrern, Vorbildern oder Mentoren bist, genau zu beobachten, ob deren Handeln und Tun auch dem entsprechen, was sie „predigen". Sind sie authentisch? Du kannst viel von anderen lernen, doch am meisten natürlich von denen, die das, was du erfahren willst, bereits leben. Bitte achte aber auch auf das Umfeld und die persönliche Situation deines auserwählten Meisters. Die Körpersprache und die Schwingung, mit der ein Mensch in Kommunikation mit anderen tritt, sagt sehr, sehr viel über ihn aus. Es erfordert ein wenig Übung zu erkennen, ob seine Handlungen mit seinen Überzeugungen übereinstimmen. Die Schwingung, egal ob sie sich frei und offen, oder eher beengend anfühlt, kannst du immer wahrnehmen. Du spürst sie ganz sicher in der Magengegend, in dem dir bereits bekannten dritten Chakra, dem Sonnengeflecht. Es kann aber auch ein angenehmes oder unangenehmes Gefühl, ein Druck, eine Enge oder eine warme Weite im Herz- und/oder Hals-Chakra auftauchen.

Ich wiederhole hier noch einmal die Bedeutung der Chakren und die körperlichen und seelischen Zusammenhänge, weil es für die Wahrnehmung und die Deutung der Gefühle hilfreich sein kann.

Das vierte Energiezentrum, das Herz-Chakra, steht für die Liebe zu dir selbst und zu anderen und erstrahlt in einer grünen Farbe. Das fünfte Chakra, das Hals-Chakra, leuchtet blau und ist das Zentrum für Kommunikation. Es steht für alles Unausgesprochene, Geschluckte, aber auch für Worte, die dir entgegenknallen und dich einfach sprachlos machen. Es ist zudem verbunden mit den Schultern, sozusagen mit allem, was dich belastet. Hier kommen die Energie, die Schwingung der Worte und das Verhalten deines Gegenübers an. Achte darauf, auch wenn dich die Worte und Geschichten noch so beeindrucken.

Besteht in einem deiner Chakren keine Übereinstimmung, dann hinterfrage den Menschen und dessen Lehren, Lebenseinstellungen oder Absichten, und sei auf jeden Fall achtsam.

Ist also das Verhalten deines Gegenübers nicht stimmig mit dem, was du fühlst, dann frage dich, wie wichtig dir dieser Mensch ist und ob du ihm weiter folgen möchtest. Vielleicht hat er seinen Sinn und Zweck in deinem Leben bereits erfüllt. Menschen kommen und gehen. Und jeder hat Botschaften und Aufgaben für dich im Gepäck. Wie cool ist das denn?

Frage dich auch, ob es notwendig ist, den anderen darauf aufmerksam zu machen, wie sein Verhalten beim Gegenüber, also in dem Fall bei dir, ankommt. Natürlich nur, wenn dein Vorbild im Freundeskreis zu finden ist. Oft ist der anderen Person gar nicht bewusst, wie ihr Verhalten im Außen wirkt. So ein kleiner Hinweis kann mit Dankbarkeit angenommen werden und bestenfalls vielleicht sogar lebensverändernd für diese Person sein. Meistens ist so eine verständnisvolle Annahme deines offenen Feedbacks aber leider eher nicht der Fall. Die meisten Menschen sind irritiert, fühlen sich angegriffen, gehen verbal in die Rechtfertigung, Verteidigung oder in die Erklärung. Und wenn es sich gar um einen echten Narzissten handelt, dann hast du keine, aber absolut keine Chance. So jemand hinterfragt und reflektiert sich niemals.

Also wähle auch hier weise, wie du mit dieser Situation, mit diesem Menschen weiterhin umgehst. Du könntest auch einfach schweigen, lächeln und ihn, bzw. die Situation so lassen wie sie ist. Die Begegnung war und ist in jedem Fall immer wertvoll für dich. Sei es als Übung deiner Wahrnehmung oder als Erkenntnis, die sich über den Spiegel des anderen dir selbst zeigt.

11) Gewaltfreie Kommunikation

An dieser Stelle noch ein ganz wesentlicher Hinweis auf die Art und Weise, wie du so prekäre Themen wertschätzend kommunizieren kannst, ohne dass der andere sofort aggressiv in eine Verteidigungshaltung wechselt, oder in einen verbalen Angriff übergeht.

Mir hat ein kleines Büchlein die Augen geöffnet. Die Umsetzung der Botschaft und der Regeln dieses Büchleins erleichtert mir nicht nur schwierige Gespräche, sondern ist auch unendlich hilfreich in der alltäglichen Kommunikation. Es geht um die „Gewaltfreie Kommunikation" nach dem Modell von Marshall Rosenberg. Das Büchlein heißt „Wenn die Giraffe mit dem Wolf tanzt" und ist für mich ein absolutes MUSS für jeden, der wertschätzend kommunizieren möchte.

Die Erkenntnisse und Botschaften daraus fasse ich hier kurz zusammen:

Jeder kennt die Situation, beschimpft, getadelt, oder vorgeführt zu werden. Und du, lieber Leser, wirst jetzt sicher feststellen, dass sich so ein „Angriff" im Solarplexus bemerkbar macht, oder? Es ist absolut menschlich, dass wir, wenn wir uns verletzt, oder ungerecht an den Pranger gestellt fühlen, in eine Verteidigungs- oder Angriffshaltung gehen. Die Diskussion wird sich unvermeidlich aufschaukeln. Beginne ich aber damit, bei mir zu bleiben und dem anderen nur darzulegen, wie ich mich gerade durch seine Aussage fühle, was seine Worte, sein Verhalten mit mir machen, dann nehme ich schon viel Aggressivität aus der Kommunikation.

Sätze wie „Du hast mir das angetan", „Du bist schuld, dass es mir schlecht geht", „Dein Verhalten macht mich wütend", „Du musst das verändern", oder die mit „Wegen Dir…" beginnen, stellen den Gesprächspartner an die Wand. Er kann gar nicht anders als sich zu wehren. Sage ich stattdessen „Ich fühle mich gerade bedrängt", „bin jetzt irritiert", „Ich empfinde diesen Vorwurf nicht ganz fair", dann klage ich mein Gegenüber nicht an, sondern gebe einen Rahmen vor, in dem die Kommunikation in eine Klärung gehen kann. Spürt der aufmerksame Leser den Unterschied? Natürlich ist das keine Garantie dafür, dass deine Botschaft beim anderen auch ankommt, aber ein Versuch ist es immer wert.

Auf diese Weise bist DU immer mit reinem Herzen unterwegs, kannst dir ins Gesicht sehen. Selbst wenn du etwas ansprichst, was dich durch das Verhalten des anderen verletzt, bist du nun in der Lage, das Gespräch auf einer wertschätzenden Ebene zu führen. Mit ein klein wenig Übung wirst du darin immer erfolgreicher werden.

12) Rechtfertigung

Meine Erkenntnis: Ich frage mich im Rückblick, wie blind ich eigentlich nicht nur im Erleben meiner Geschichte war. Erzählt habe ich kaum jemandem von diesen eigenartigen Erlebnissen, denn ich spürte genau, dass mich dann schon der eine oder andere gefragt hätte, ob ich noch ganz klar im Kopf sei. Ich rechtfertigte mich ja bereits vor mir selbst mit absolut lächerlichen Entschuldigungen, dass ich dieses Spiel noch mitspielte. Ein Spiel, in dem mir sehr wenig Wertschätzung und Aufmerksamkeit entgegengebracht wurde.

Meine Botschaft: Frage dich immer wieder, ob das, was du gerade tust, dein Leben oder die Menschen, mit denen du dich umgibst, sich eigentlich noch gut anfühlt. Frage nicht nur, sondern erfühle die Antwort und sei gnadenlos ehrlich zu dir selbst. In dem Moment, in dem du beginnst dich für etwas zu rechtfertigen, für etwas zu verteidigen, solltest du ganz genau hinsehen. Etwas triggert dich und du reagierst sehr emotional. Das ist ein Zeichen, dass hier etwas nicht stimmt. Du beginnst, nach außen hin, gegenüber anderen wild zu argumentieren, dich aufgebracht zu erklären und wirbst um Verständnis. Dir sollte allerdings bewusst sein, dass du das nur tust, um deine eigenen Worte zu hören, die deine Seele ansprechen, die das sicher gerade nicht lustig findet und sich sehr „verarscht" vorkommt.

Im Leben gibt es NICHTS zu rechtfertigen, es gibt niemals etwas zu verteidigen. Das ist ein schamanisches Prinzip, welches immer zur Anwendung kommen darf. Hinterfrage kritisch und reflektiert dein eigenes Verhalten, bzw. das einer anderen Person dir gegenüber, sobald du bemerkst, dass du dich in Rechtfertigung, Verteidigung oder endlose Erklärungen verstrickst.

Überall, wo der Verstand nicht hinkommt, frage dein Gefühl. Frage dich nach deiner Absicht bei dem was du tust. Tu nicht alles was möglich ist. Sobald es sich für dich nicht mehr stimmig und rein anfühlt, lasse es bleiben. Bleibe dir selbst immer treu.

13) Die rosarote Brille

Meine Erkenntnis: Du kannst dir Tatsachen auch schönreden, die rosarote Brille aufsetzen. Und genau das tat ich.

Meine Botschaft: Ich möchte dir, lieber Leser, erklären, was positives Denken NICHT ist. Es ist kein Schönreden von Situationen oder Tatsachen. Es geht nicht um ein Leugnen der Ereignisse. Nein, es kommt immer auf die Betrachtung der Situation an:

Variante a)

Ich kann mich tierisch darüber ärgern, dass etwas nicht so läuft, wie ich es gerne hätte, oder dass ich in Situationen gerate, die mir nicht gefallen, die mich von meiner eigentlichen Absicht abhalten.

Oder Variante b)

Ich schnaufe tief durch und bedanke mich beim Universum für diese neue, ungeplante Herausforderung in meinem Leben, wohlwissend, dass sich mir der tiefere Sinn dieses Umwegs, dieser spannenden Aufgabe, sicherlich früher oder später offenbart.

Mit Variante b) wird es mir sicher besser gehen als mit Variante a). Da sind wir uns einig, oder?

Variante a) kostet wesentlich weniger Energie als im Widerstand zu sein und gegen den Strom zu schwimmen. Das bedeutet Anstrengung, Kraftaufwand. Also entscheide auch hier weise, ob sich diese energetische Anstrengung lohnt, wohin sie dich führen soll und vor allem, aus welcher Quelle deine Intention entspringt: aus dem EGO, dem Verstand, oder aus der reinen Absicht deines

Herzens. Fließe wenn möglich elegant und mit spielerischer Leichtigkeit, wie das Waser, geschmeidig um den Stein im Flussbett herum. Das klappt in der Regel hervorragend und es offenbart sich tatsächlich sehr oft ein wundervoller Weg oder eine Begegnung, mit der du nie gerechnet hättest. Etwas, was der Verstand so nie als Plan hätte ausarbeiten können.

Verstehst du den Unterschied, lieber Leser? Setzt du die rosarote Brille auf, dann drängst du etwas weg, was eventuell deiner Seele nicht gut tut. Du ignorierst etwas, schluckst es runter, redest es schön. Aber etwas, das sich permanent und bohrend einfach nicht gut anfühlt und ständig weggedrängt wird, holt dich immer irgendwann ein oder wird letzten Endes mit ein Grund für eine Trennung von dem Menschen oder ein Loslösen aus der Situation sein. Warte nicht zu lange. Verschwende nicht so viel Kraft und Lebensenergie.

14) Der Spiegel, das EGO und seine Emotionen

Meine Erkenntnis: Alles, was mir widerfährt, könnte ein Spiegel für mich sein, der mir zeigt, was ich gerade ansehen darf, in welche Richtung ich mich weiterentwickeln darf. Ist das nicht spannend, die Welt mit diesen Augen zu sehen? Überall Chancen und Möglichkeiten? Was ziehe ich da gerade für ein Thema an? Der Spiegel zeigt mir eindeutig, dass ich vielleicht etwas zu verständnisvoll bin und mich ein wenig mehr wehren sollte.

Meine Botschaft an alle, die sich bereits einmal in solch einer Situation wiedergefunden haben, oder die sich öfter mit dem beleidigten EGO eines anderen Menschen konfrontiert sehen.

Lass dich auf dieses Spiel nicht ein. Das kleine innere Kind ist beleidigt, weil es seinen Willen nicht durchsetzen kann und zieht sich schmollend zurück. Wenn du dich nun an deine Kindheit, oder an deine Kinder erinnerst, dann kennst du sicher diese Reaktion oder? Kinder werfen sich oft laut schreiend auf den Boden oder werden bockig. Erwachsene knallen Türen oder zeigen sonstige aggressive Verhaltensweisen. Und genau darum geht es. Welche Strategie hast du in der Kindheit gelernt, das zu bekommen, was du unbedingt wolltest? Erinnerst du dich? Und nicht jeder hatte Eltern, die mit dieser Situation ruhig umgehen konnten.

Ein Rückzug in die Höhle kann ein Hilfeschrei sein, mit dem Bedürfnis „Schenke mir Aufmerksamkeit, Liebe und Zuwendung. Sieh mich". Ein Rückzug kann aber auch ein sehr weises Verhalten sein. Im Idealfall zieht sich der andere zurück und beschäftigt sich mit der Situation, mit seinem inneren Kind. Er kündigt den Rückzug aber an und versucht, das angetriggerte Thema erst einmal für sich selbst zu betrachten. Das heißt, er ist in dem Bewusstsein, dass, wenn sehr heftige Emotionen auftauchen, keine lösungsorientierten Gespräche stattfinden können. Ein Rückzug ist somit sehr hilfreich. Nur sollte er dieses Verhalten dann klar und deutlich wertschätzend kommunizieren und nicht einfach die Tür zuknallen und verschwinden.

Lieber Leser, dieses Verhalten ist ein sehr wertvolles Geschenk für alle Beteiligten, denn Emotionen sind laut, sind über den Verstand gesteuert. Dieser will in der Regel immer Recht haben. Aber: hinter jeder Emotion liegen Gefühle. Und Gefühle sind die Sprache der Seele. Die Gefühle wollen gesehen und vor allem gefühlt werden. Und nur in der Ruhe und im Alleinsein kannst du mit ihnen in Kontakt treten.

Also geh bewusst raus aus solchen Situationen und spüre, worum es wirklich geht. Staune, was da alles auftauchen kann. Wertschätze diese Gefühle, versuche nicht, sie wegzudrücken. In dem Moment, wo du dich ihnen widmest, sie fühlst, werden sie sich von selbst auflösen. Das ist eine sehr hilfreiche Technik, deren Vertiefung ich bei FREE SPIRIT erlernen und erfahren durfte. Ich weiß, es ist nicht einfach, mit dieser Anforderung an sich selbst klar zu kommen. Mache dir einfach bewusst, dass du so kein unnötiges Öl ins Feuer gießt. Lasse dich nicht auf diese Ebene der Diskussion ein. Verliere weder dein Gesicht, noch lass dich „um des lieben Friedens willen" auf etwas ein, was du eigentlich gar nicht willst. Biete mit deinem achtsamen und bewussten Verhalten einfach keine Angriffsfläche.

Verschwindet der andere, dann lass ihn ziehen, lass die Situation erst mal los. Der andere hat jetzt das Problem. Er muss zu sich finden und dann über seinen Schatten springen. Wenn er dann wieder auf der Bildfläche erscheint, mach bitte nicht den Fehler und werde zynisch, beleidigend oder bockig. Verkneife dir Sätze wie „Ach, sieht man Dich auch mal wieder?", „Bist Du jetzt wieder normal?", „Jetzt habe ich auch keine Lust mehr mit Dir zu reden". Solche Worte greifen den anderen gleich wieder an.

Sei einfach offen und warte ab, was dir der andere zu sagen hat. Und er wird etwas zu sagen haben. Wenn du Glück hast, könnt ihr dann wieder normal miteinander umgehen und die Angelegenheit vernünftig und sachlich regeln. Sollte das nicht der Fall sein, dann solltest du, schon allein dir zuliebe, das Thema noch einmal aufgreifen und es niemals unter den Teppich kehren. Dieser Staub verschwindet nie. Der Teppich beult sich irgendwann auf, weil du immer mehr drunter schiebst. Das wäre nicht lösungsorientiert, sondern feige und unverantwortlich deiner Seele gegenüber. Die Seele fühlt sich „verarscht", ihre Stimme wird nicht gehört. Das fällt dir irgendwann ganz gewaltig vor die Füße. Glaube mir, ich weiß, wovon ich rede. Irgendwann ist der Teppich nicht mehr groß genug und der Körper wird krank, du stumpfst emotional ab oder explodierst irgendwann. Verleugne dich nicht und verletze so niemals deine empfindsame Seele.

Und noch etwas: Mach dir, wenn der andere in seiner Höhle schmort, keine Schuldgefühle oder beginne zu betteln, dass er sich doch wieder zeigen möge. Nein. Mach dich nicht klein, verliere nicht deinen Stolz. So ein Verhalten hat nichts, aber auch gar nichts mit dir zu tun. Der andere hat das Problem. Bleibe in der Wertschätzung dem anderen und vor allem dir selbst gegenüber. Diese Botschaft ist mir ein ganz persönliches Bedürfnis an dein Herz, deine Seele. Du, ja du, bist ein wertvoller Mensch - wir alle sind das. Verliere nie deinen Stolz, deine Würde und - mit unterwürfigem Verhalten - deine Selbstachtung. So gibst du dem anderen nur Macht. Und warum braucht ein Mensch das Gefühl Macht haben zu müssen? Weil er selbst schwach ist und seine Stärke nur darin findet, indem er andere schwach macht. Bleibe dir treu und verhalte dich dementsprechend.

15) Ehrliches Interesse, Aufmerksamkeit und Empathie

Überlege dir einmal, welche Menschen dir mit ehrlichem Interesse Fragen zu dir und deinem Leben stellen und dann auch noch offen und empathisch deiner Antwort lauschen.

Ich stelle diese Frage absichtlich in den Raum, weil ich dieses Phänomen seit vielen Jahren beobachte. Die Menschen sind oberflächlich geworden. Ich beobachte sehr viel Desinteresse der Menschen an anderen Menschen, an deren Lebensthemen, Werten und Einstellungen. Es scheint nicht einfach zu sein, seine eigenen Themen zurückstellen zu können um sich ganz und gar auf einen anderen einzulassen, einfach empathisch zuzuhören.

Es geht mir nicht um die Frage „Was hast Du heute gemacht?", oder „Wie war Dein Tag?". Es geht darum, wer du bist, warum du so bist und was dich zu dem, was du bist, gemacht hat. Welche Glaubenssätze, welche Einstellungen zum Leben du vertrittst und was dich gerade so bewegt.

Sorry, aber ich sortiere seit vielen Jahren diese Menschen ganz vorsichtig aus. Ich möchte Beziehungen zu Menschen haben, die ehrliches Interesse an mir haben und natürlich auch an sich selbst und ihrer Entwicklung. Das sind für mich in jeder Hinsicht bereichernde und lebendige Beziehungen. Freunde, Familie, geschäftliche oder sonstige Beziehungen.

Hier noch weitere Fragen an dich:

- Ist dein Partner der erste, der erfährt, was dich glücklich, zufrieden, traurig oder unzufrieden macht?

- Ist er der erste, der dich unterstützt, dich ermutigt, der dich in den Arm nimmt und dir die richtigen Fragen stellt? Fragen, die dich in deiner und in eurer gemeinsamen Entwicklung voranbringen?

- Ist er der erste, der sich mit dir freut, der mit dir einen Erfolg feiert, dich über eine Niederlage hinwegtröstet, der dich motiviert und der dir bei der Erreichung deiner Ziele, Wünsche und Träume zur Seite steht?

- Ist er derjenige, der deiner Power, deinem Enthusiasmus auch mal im richtigen Moment ein Stoppschild in den Weg stellt?

- Ist er ein liebevoll lächelnder und verständnisvoller Partner, der hin und wieder deine Hand nimmt, der dich von der Autobahn zurück auf den Feldweg führt und dich dort die Welt vergessen lässt?

Jeder definiert „LEBEN" auf seine Weise, ganz individuell, oder? Wenn dein Partner Interesse an deiner Insel hat, dann wird er versuchen zu erkennen, was es für DICH bedeutet dein Leben mit LEBEN zu füllen, oder? Weißt du es eigentlich selbst? Wenn nicht, dann mach dich auf die Suche, aber erhebe keinen Anspruch darauf, deine Definition von LEBEN auf deiner Insel in allen Bereichen und Kriterien mit der Hausordnung der anderen Insel in Übereinstimmung zu bringen. Denn gerade diese Unterschiede, diese Diskrepanzen, erzeugen immer ein wundervolles Feld für inspirierende Kommunikation, für einen bereichernden Austausch und gegenseitige Entwicklung.

Es ist hochgradig spannend und so fundamental wertvoll, sich in einer Beziehung gegenseitig auf eine wertschätzende Art herauszufordern, sich selbst zu hinterfragen, sich aneinander und miteinander zu reflektieren und sich durch diesen geistigen Austausch gegenseitig zu fördern und zu entwickeln, oder? Das jedenfalls ist meine Definition einer lebendig gelebten Partnerschaft.

Es geht doch darum anzuerkennen, dass jeder Mensch auf seine Weise wertvoll und einzigartig ist. Es steht weder dir noch mir zu, den anderen aufgrund seiner Werte und Einstellungen zu verurteilen. Ich muss nicht einverstanden sein mit dem Gedankengut des anderen, aber ich sollte ihn immer als Mensch respektieren. Ich darf ihm meine Einstellung und mein Lebensmodell gerne vorstellen und an die Hand geben, wenn er aufmerksam und bereit dazu ist. Dann darf er selbst entscheiden, wer er sein möchte.

In der Diskussion, im gegenseitigen Austausch, ist es ein Grundprinzip achtsam und wertschätzend zu kommunizieren. Selbst wenn du dich ungerecht behandelt fühlst, du wütend bist, emotional aufgebracht oder traurig, dann schieß keine Giftpfeile ab. Sieh es als deinen reinen Anspruch, jederzeit in der Lage zu sein ruhig und liebevoll zu kommunizieren. Sei nicht bereit, dich von schreienden und tobenden Menschen beleidigen, verurteilen oder beschimpfen zu lassen. Lass dich niemals auf deren niedere Schwingung in diesem Moment ein. Lass nicht zu, dass deren Gift in dein Herz fließt. Ich bin überzeugt davon, dass es dir hinterher besser geht, als wenn du dich auf eine niedere Ebene der Kommunikation einlassen würdest. Deine Wut kannst Du auch anderweitig loswerden. Ein kurzer Sprint, ein paarmal heftig ausatmen und weiter geht's. Bleibe nicht in dieser niedrig schwingenden Energie gefangen und sprich auch im Anschluss nicht mit vielen Menschen darüber.

Das Modell der Gewaltfreien Kommunikation von Marshall Rosenberg hilft mir, mit Begegnungen dieser Art fertig zu werden. Der wichtigste Aspekt ist, bei mir und meiner Wahrnehmung zu bleiben und auf meine Gefühle zu achten. Ich möchte beobachten, was das Verhalten des anderen bei mir auslöst. Vielleicht hat der Sender diese Verletzung, die ich als solche spüre, gar nicht beabsichtigt und eben nur nicht in meiner Sprache gesprochen. Oder ich hatte einen anderen Kanal als Empfänger eingestellt und das Gesagte in einem völlig anderen Zusammenhang gesehen. Ich möchte niemals mit dem Zeigefinger auf den anderen zeigen, ihm drohen, ihn beschimpfen oder behaupten „DU tust mir weh, … DU bist schuld, dass ich, … DU machst mich wütend, …". Nein, es geht auch anders. Und wenn der andere weiter toben will, dann darf er das gerne tun. Seine Aggression, seine Wut, hinter der oft nur Angst oder Bedürftigkeit steckt, darf bei ihm bleiben. Bin ich vom Verhalten eines anderen emotional sehr stark berührt, dann hat das IMMER etwas mit mir zu tun. Entweder ich bin völlig anderer Meinung, lehne etwas total ab, oder ich gebe einem bestimmten Teil meines ICHs nicht genug Raum zur Entfaltung.

16) Loslassen

Meine Erkenntnis: Lieber Leser, keiner unserer Mitmenschen ist unnütz. Jeder kann uns IMMER als Beispiel oder als Reflexion für irgendetwas dienen. Jeder Mensch, der uns im Leben begegnet, hat eine Botschaft für uns im Gepäck. Häufig ist das eine Botschaft für unsere eigene individuelle Entwicklung. Für mich bedeutet das in der Konsequenz, dankbar für jede noch so heftige Begegnung oder Erfahrung zu sein. Und Dankbarkeit ist eine sehr hohe Schwingung, auf deren Wellen nach dem Gesetz der Anziehung Fülle und Reichtum zurückkommen. Physisch, geistig, materiell, oder in neuen Begegnungen und Lehren.

Meine Botschaft: Lieber Leser, erkenne rechtzeitig, wann etwas loszulassen ist. Du wirst es immer spüren. Das, was gehen will, fühlt sich einfach nicht mehr richtig, nicht mehr stimmig an. Du verlierst mehr Energie, als du in dieser Beziehung, der Begegnung oder der Situation gewinnst. Spüre einfach ehrlich hin. Erkenne dieses komische, beklemmende Gefühl im Bauch oder im Herz-Chakra. Die Stimme des Unterbewusstseins spricht sanft und leise, aber sie spricht. Und wenn du still wirst und ganz ehrlich zu dir selbst bist, dann kannst du sie immer wahrnehmen und ihr vertrauen.

Doch, lieber Leser, das Wichtigste dabei ist, wie du mit dieser Stimme umgehst. Du kannst sie einfach wegdrücken, sie ignorieren, sie übergehen. Das wird aber nichts bringen, denn sie wird dich weiter quälen, wird dir Energie rauben in einem Kampf, der immer heftiger wird und immer mehr Einsatz von dir abverlangt. Oder aber du erkennst die Stimme an, bist dankbar und entscheidest dich ganz bewusst, den Lauf der Dinge aufmerksam zu beobachten und immer wieder deinem Gefühl Raum zu geben. Erkenne an, was du fühlst.

Auch weniger schöne Gefühle gehören zu dir und wollen gesehen und vor allem gefühlt werden. Du kannst immer ganz bewusst entscheiden, wie du mit einer Situation umgehst und wie weit du etwas „ertragen" kannst, ohne dass sich Wut, Ärger, Zorn oder Traurigkeit in dir ausbreiten. Du wirst sicher hin und wieder enttäuscht werden, wirst dich ärgern, wirst wütend sein. Das Entscheidende dabei ist aber, diesen Emotionen keine Macht über dich zu geben. Steh zu dir, zu deinen Werten, deinen Zielen, Wünschen und Träumen. Du musst diese nicht rechtfertigen und dich nicht verteidigen. Sie gehören zu dir. Das bist alles du.

Und du bist der wichtigste Mensch in deinem Leben.

Sorge immer dafür, dass es dir gut geht, dass du auf DEINEM Spielfeld der wichtigste Spieler bist. Stelle DEIN Team zusammen, entscheide, wer mit dir spielt. Das hat nichts mit Egoismus und Arroganz zu tun, wenn du in DEINEM Spiel die Werte, die Bedürfnisse und die Seelen der anderen achtest, wenn du wertvoll und auf Augenhöhe mit deinen Mitspielern umgehst, sie unterstützt und ernst nimmst. Denn genau diese Art zu spielen macht dich würdevoll und stark. Bleibe in deiner vollen Kraft, stehe zu DEINEN Werten und verliere dich nicht mehr darin, anderen ihre Bedürftigkeit zu erfüllen.

17) Bedingungslose Liebe

Bedingungslose Liebe bedeutet, den anderen zu sehen, ihm den Raum zu geben, in dem er sich regenerieren und entwickeln kann, und ihn jederzeit in seiner Entwicklung zu unterstützen. Erst dann kann jeder in seiner vollen Kraft und Vollkommenheit auf der gemeinsamen Insel das große Geschenk des Miteinanders empfangen und leben. Das ist Heilung in der Liebe. Und du darfst wieder lernen, einen ganzheitlichen Bezug zu all deinen Bedürfnissen herzustellen. Alles, was dein Sein nährt, suchen, finden und erkennen. Dies ist entscheidend, da es diverse Ebenen gibt, sich auf seinen Part zu fokussieren. Und diesen auch anderen zu gewähren.

18) Mein bester Freund - ohne „plus"

Spätestens, als mich meine Freundin Silke darauf angesprochen hat, ob ich nicht mal eine Liste, eine Excel Tabelle, oder besser gleich eine Mindmap meiner „Männer" zusammenstellen könnte, auf der Namen und alle wichtigen Erkennungsmerkmale übersichtlich dargestellt sind, habe ich mir ernsthaft Gedanken gemacht, wie viele männliche Begleiter im Zug meines Lebens mit mir bisher gereist sind und/oder es immer noch tun. Uuuups, das sind echt ganz schön viele. Mir gefiel die Idee, denn nur durch diese witzige Bemerkung ist nun ein weiteres Kapitel entstanden. Und das mit in der Tat extrem wichtigen Botschaften an meine Leser.

Diese lautet: „Mädels, legt euch einen besten Freund zu. Eine wertvollere Meinung gibt es meiner Ansicht nach nicht - nicht nur in Beziehungsfragen".

Während der Erarbeitung dieser Mindmap ist mir unmissverständlich klar geworden, dass ER in diesem Buch unbedingt erwähnt werden muss. Ohne ihn hätte ich mich in den letzten Jahren nie so reflektieren können. Danke, Markus, dass uns eine so unkomplizierte und ehrliche Freundschaft verbindet. Markus, der Lokführer.

Stundenlange Gespräche im Garten unterm Pflaumenbaum oder auf dem Boden, zwischen vielen knuffigen Kissen in meinem gemütlichen Wohnzimmer, gemeinsame Rad-Fahrten vom Yoga nach Hause, Zugfahrten und Küchengespräche. Küchengespräche kennt jeder, oder? Das sind die spontanen Stehpartys. Die Küche zieht alle magisch an. Küchenparty halt. Wenn also jemand spontan bei mir vorbeikommen darf, dann ist das mein Freund Markus, der Lokführer.

Was also zeichnet unsere gefühlt immer intensiver werdende Freundschaft aus? Welche Werte stehen für diese Freundschaft? Wie schaffen wir es, immer tiefer und ehrlicher in die Welt des anderen einzutauchen, ohne dass sich uns da ein „Mann-Frau-Verhältnis" in die Quere stellt?

Erst einmal ist so eine Freundschaft etwas ganz Besonderes und für mich auch irgendwie etwas Heiliges. Niemals kann eine beste Freundin die Gefühle, die Ansichten und die Empfehlungen eines Mannes wiedergeben. Und glaube mir, diese Gedanken der „Gegenseite" zu erfahren, zu beleuchten und neugierig zu hinterfragen, ist so spannend und für mich mittlerweile essentiell. Mann und Frau funktionieren nicht nur physisch grundverschieden. Nein, auch das unterschiedliche Gedankengut und die damit verbundenen Gedankenschleifen sind interessant und tragen immens dazu bei, meinen Horizont zu erweitern.

Mit Markus teile ich intellektuell ALLES, was ich gelesen, gehört und erfahren habe. Und das ist in den letzten Jahren eine ganz erstaunliche Menge an Material. Indem wir erzählen, reflektieren, oder versuchen Zusammenhänge zu erklären, wiederholen wir die für uns wichtigen Themen, versuchen diese mit eigenen Worten, mit persönlichen oder aktuellen Beispielen zu verdeutlichen. Kritische Fragen, Anmerkungen oder Fragen, die immer weiter hinterfragen, bringen uns beide, Schritt für Schritt, intensiver in die Materie und somit auch zu uns selbst.

Markus stellt Fragen oder teilt mir Beobachtungen und Tagträumereien mit, die ich nie bemerken würde oder die mir niemals in den Sinn kämen. Somit gehen uns die Themen nie aus, weil er immer wieder neue Beobachtungen und Erkenntnisse zur Diskussion stellt.

Welche Werte sind also die wichtigsten, die unsere so unkomplizierte Freundschaft auszeichnen? Offenheit, Ehrlichkeit, gegenseitiges Interesse, neugieriges Hinterfragen und empathisches Zuhören. Und vor allem Wertschätzung.

Von Bruno Würtenberger habe ich zudem gelernt: „Integrität ist unbequem. Integrität ist heiß. Integrität ist dein geistiges Rückgrat. Wenn du wissen willst, wer wirklich zu dir gehört, finde deine Werte. Sei ihnen treu. Lebe sie. Entzünde aus ihrer Kraft ein leuchtendes Feuer. Manche wird seine Hitze abschrecken. Andere wird sein Licht magisch anziehen".

Solange du in dem Glauben bist, dass es für dich keinen passenden Deckel gibt, keine Freunde, die dir auf Augenhöhe begegnen, Menschen die dich wertschätzen, wirst du im Außen auch immer wieder in dieser Überzeugung bestätigt. Du wirst keinen passenden Deckel finden, denn das Außen ist nur eine Reproduktion des Inneren.

Immer wieder wirst du dann zwar den Mut fassen, dich auf Beziehungen einzulassen, doch früher oder später wirst du feststellen, dass es doch nicht das Wahre ist. Du wirst wieder enttäuscht. Die Täuschung offenbart sich und schürt weiter den Glauben, in dem du dich selbst gefangen hältst.

Doch was genau löst dich nun von dieser Überzeugung?

Im Grunde darfst du erst einmal erkennen, dass du nichts und niemanden brauchst, niemand dir etwas geben kann, was du nicht bereits in dir trägst. Das heißt, gehe in die Eigenverantwortung, um die Fülle in dir zu fühlen. Sei bereit, dir all das zu geben, was du im Außen suchst.

Spürst du in dir Angst, Ablehnung, Ohnmacht und Schmerz, gehst du ebenfalls in die Eigenverantwortung, indem du diese Gefühle anerkennst und somit in die Heilung führst. Erkenne, dass du bereits im Mangel bist, und nicht Personen oder Situationen dafür verantwortlich sind, sondern diese lediglich dazu da waren, diese Gefühle für dich sichtbar zu machen.

Viele Lebensthemen stammen aus der Prägung, aus der Bindung zu Vater und Mutter, oder aus negativen Erfahrungen, die dir gezeigt haben, was vermeintlich real ist. Diese Summe an Emotionen trägst du in dir - sie formen den Glauben an deine Realität.

Doch du selbst bist der Schöpfer deiner Realität und dementsprechend auch in der Lage, jedes Gefühl des Mangels durch Fülle zu ersetzen.

Nicht gesehen zu werden, kann auch daran liegen, dass du dich selbst nicht siehst. Sieh dich selbst und werde dadurch gesehen.

Sei bereit, ins Vertrauen zu gehen und dich wieder zu öffnen, die Verletzungen hinter dir zu lassen, um wieder vom Universum beschenkt werden zu können.

Wenn du dich also nach einer Beziehung auf Augenhöhe sehnst, nach innigen Freundschaften, darfst du diese erstmal selbst mit dir pflegen, bis du dich mit anderen bedingungslos verbinden kannst. Erst durch die liebevolle Verbindung mit dir selbst wirst du dann in der Lage sein, z. B. deinen Partner voll und ganz neutral zu sehen und zu fühlen, da deine Sicht nicht geblendet ist durch alle deine Emotionen, die unkontrolliert in deinem System schwimmen.

Ich sehe mich und dadurch dich. Als ich mich sah, sah ich dich und erkannte ebenfalls in dir einen Teil von mir.

Ja, lieber Leser, das ist eine fundamentale Erkenntnis aus den vielen Küchengesprächen mit meinem besten Freund Markus, dem Lokführer. Eine Kernbotschaft dieses Buches, oder?

Und was sagt er dazu? Ich habe ihn um seine Gedanken gebeten und bin sehr dankbar darüber, dass er meiner Bitte nachgekommen ist. Seine Worte finden ihren Platz hier im Anschluss. Danke, Markus.

Gesucht? Gefunden? Leben im Hier und Jetzt?

Sandra war mein Anker in stürmischer See, mein Fels in der Brandung als mein Leben aus den Fugen geriet.

Der Beginn unserer Freundschaft, das erste Bekanntwerden passt in die Kategorie „Zufall oder Vorbestimmung". Es begann vor sechs Jahren.

Als Bahn-Pendler war ich seit vielen Jahren täglich nach München unterwegs. Ich arbeitete dort in einem großen internationalen Hotel. Für eine Veranstaltung wurde seinerzeit Fremdpersonal eingesetzt. Eines der Mädels war mir total sympathisch. Die Gespräche mit ihr lockerten die tägliche Arbeits-Routine etwas auf.

Kurz nachdem ich diese fröhliche Servicekraft kennengelernt hatte, fiel mir auf der morgendlichen Zug-Fahrt ein Mädel auf, die dieser Bedienung total ähnlich sah. Da mein Gesichtsgedächtnis leider manchmal sehr zu wünschen übrig lässt und ich mir auf die Entfernung unserer Sitzplätze im stets überfüllten Zug nicht sicher war, ob sie es wirklich war, hielt ich mich zurück sie anzusprechen.

So vergingen Tage und Wochen und immer wieder begegnete ich ihr im Zug. Bemerkte auch sie mich? Im Nachhinein erzählte sie mir, dass ich ihr schon viel früher aufgefallen war. Da ich mich aber permanent vor der Außenwelt verbarg, indem ich meine Ohren mit Kopfhörern dekorierte und meine Nase in Lesestoff vergrub, vermied auch sie eine direkte Ansprache. Ich schien aus ihrer Sicht in meiner Welt gefangen. Lange Zeit blieb es nur bei gelegentlichen „zufälligen" Blickkontakten und ab und zu einem Lächeln.

Eines Tages kamen wir dennoch ins Gespräch, da wir uns in der S-Bahn stets zum zweiten Mal begegneten. Wer diesen ersten Schritt gemacht hat, weiß ich heute nicht mehr.

Wir entschieden uns spontan zu einem Frühstückskaffee in der DB-Lounge des Münchner Hauptbahnhofs und begannen zu reden. Es war, als würden wir uns schon immer kennen. Es war sofort ein Vertrauen da, dass ich in den letzten Jahren keinem Menschen in dieser Tiefe entgegenbracht hatte. Und das bereits im ersten Gespräch. Ich konnte ihr alles über meinen inneren Zustand, meine Schwächen und Ängste erzählen, ohne dass ich mich schämen musste. Sie hörte mir stets zu und sprach ihrerseits offen über ihr Leben. Eines war uns beiden klar: Wir trugen jeder für sich eine gewaltige Menge Seelenmüll mit uns herum.

Immer wieder trafen wir uns und erzählten. Im Zug, im Café, nach ihren Yogastunden. „Zufälle" und Treffen wurden arrangiert. Es gab immer Möglichkeiten für einen Plausch. Und immer war die Zeit eigentlich zu kurz. Der Kalorienverbrauch unserer Redemuskulatur muss enorm gewesen sein.

Als Anfang 2016, ein Jahr nach unserem ersten Zusammentreffen, mein seelischer Zustand - er war vorher schon fragil - endgültig zusammenbrach, und ich von einer Sekunde zur anderen in einen Abgrund stürzte, der mich einige Jahre in Atem hielt, war Sandra meine Klagemauer. Bei ihr konnte ich mich ausheulen.

Wir trafen und treffen uns heute noch, um uns verbal durch unsere Seelenwelten zu graben. Unser Seelenmüll indes hat sich immens reduziert.

Heute, mehr als fünf Jahre später, geht es mir besser denn je. Dass dem so ist, verdanke ich meiner Zähigkeit und meinem Willen, das Loch des Leidens zu verlassen. Sandra lieh mir in all den Jahren ein Ohr und rückte mir, durch das Schildern ihrer Welten, die meinige gerade. Und sie bereicherte mein Leben.

Zufall oder Schicksal?

19) Es bleibt spannend - wohin geht die Reise?

„Und immer dann, wenn du die Antwort hast, dann ändert das Leben die Frage - So bleibt das Leben stets aufregend und spannend".

Meine Botschaft: Nichts ist für ewig und schon gar nicht für immer gleich. Nichts ist beständig. Alles verändert sich. Alles ist im Fluss.

Ich halte nichts und niemanden mehr fest und ich lasse mich auch von nichts und niemandem mehr festhalten. Okay, ich gebe zu, manchmal ist das nicht leicht. Es zeigt sich aktuell, dass es sich durchaus lohnt, die eigenen Gefühle etwas genauer zu überprüfen.

Menschen steigen in den Zug deines Lebens ein, reisen ein Stück mit und steigen irgendwann wieder aus. Manche begleiten dich etwas länger. Manche steigen auch wieder ein. Auch das ist möglich. Von dieser Erfahrung hatte ich ja bereits im zweiten Kapitel (Nr. 8) ausführlich berichtet.

Diese Reise-Erfahrung ist aktuell meine Herausforderung.

Und wieder geht es um meine Werte, meine Klarheit und mein Leben. Mein Herz fühlt den Weg, den meine Seele gehen möchte um glücklich zu SEIN.

Ich bin dankbar, ich lebe und ich genieße.

Nachwort: Und was kommt sonst noch?

Ich bin ich. Ich bin eine unter vielen und gleichzeitig eine von Euch.

Ich bin vielleicht sogar wie DU. Ja, DU. Und genau für DICH habe ich eine Botschaft. Du wirst dich wiederfinden in dem, was ich zu erzählen habe. Daher ist dieses Buch konkurrenzlos. Es wird dich unterhalten, du wirst schmunzeln und vielleicht auch die eine oder andere Träne vergießen. Es wird dich mitnehmen in MEINE Welt, die deiner vielleicht mehr ähnelt, als du jetzt noch denkst. Es wird dich zum Nachdenken anregen und dir Mut zum eigenständigen und verantwortungsvollen Handeln geben. Es wird DICH auf Parallelen in deinem Leben aufmerksam machen, dir Aha-Erlebnisse und Identifikation ermöglichen und DICH vor allem dazu aufrufen, endlich DEIN Leben zu leben. Geh los!

1) Meine Vita - tabellarischer Lebenslauf

Geboren am 19.12.1972 in Hof/Saale (Einzelkind).
Abitur 1992 und abgeschlossene Lehre zur Bankkauffrau.
Hauptberuf: seit 1992 Sekretärin/Assistentin im Bankwesen.
Selbständig tätig: seit 1997 im Gesundheitswesen.

Mein Motto: „Ein neues Leben kannst Du nicht anfangen, aber täglich einen neuen Tag".

Meine Qualifikationen im Gesundheitswesen

Ausbildungen & Fortbildungen

10/2020	Energie-Coach (Vadim Tschenze)
07/2020	Hypnose Coach (CTA München)
05/2020	Biographisches Schreiben (Schule des Schreibens, Hamburg)
04/2020	Personal & Business Coach (CTA München)
11/2019	Dale Carnegie – Training for results (Dale Carnegie)
11/2019	Kinesiologie Grundlagen (Atropa Insitut)
05/2019	Neuromobility Trainer (Deutsche Trainer Akademie Köln)
06/2019	Kursleiter Meditation (Akademie Gesundes Leben)
10/2018	Die Kunst der Klangmassage (Internationale Akademie für heilsame Klangkunst)
10/2018	Qualitätszirkel „SERVICEPLATTFORM SPORT PRO GESUNDHEIT" – Masterprogramme / standardisierte Programme (BLSV) - Präventives Ausdauertraining - Haltung und Bewegung durch Ganzkörpertraining - Nordic Walking - Gesundheit gestalten mit Programm zur allgemeinen Ausdauerförderung

08/2018	Mental Coach A-Lizenz (DTA Köln)
2015/2016	Ausbildung zum Heilpraktiker – ohne Zertifikat
03/ bis 08/2014	Fachtrainer „Medizinische Prävention" A-Lizenz (DTA Köln)
07/2014	Ernährungs- und Gewichtsmanagement (DTA Köln)
03/2014	Immun-, Diabetes-, Senioren-, Cardio-Fitness-Trainer (DTA Köln)
10/2012 bis 10/2013	Yoga-Lehrer Ausbildung „Yoga Alliance 200h"
02/2013	DTB Ausbilder-Diplom Verlängerung
09/2010 bis 11/2012	YOGA Instructor (BTV)
05/ bis 08/2012	IHK Zertifikat „Betriebliches Gesundheitsmanagement"
06/2012	Bewegter Rücken (Euro Education)
04/2012	Funktionelles Training (More to move on, München)
12/2011	Core Training (More to move on, München)
08/2011	Walk in Balance (VDNOWAS)
02/2011	Metabolic Tests & Beratung (Deutsche Gesellschaft für angewandte Sportwissenschaft)
11/2010	Stoffwechseltrainer (DTA Köln)

03/ bis 06/2010	antara (Star Academy Zürich) - ohne Prüfung
01/2010	Cardio Pilates (More to move on, München)
10/2009	Antara Basic in Zürich (star-education)
10/2009	Entspannungstrainer (BTV)
01/ bis 06/2009	Grundausbildung Gesprächs- & Focusing Therapie (IGF, München)
04/2009	Ausbilder-Diplom Verlängerung (BTV)
03/2009	ZEN Gymnastik (Safs & Beta)
10/2008	Leistungsdiagnostik in Theorie und Praxis (VDNOWAS)
09/2008	Pilates mit Handgeräten (More to move on)
03/ bis 11/2007	Ernährungs- und Diätberatung bei diversen Krankheitsbildern (Fernstudium IFE Brinkhaus Akademie)
07/2007	Indian Balance
05/2007	Pilates: mechanische Gesichtspunkte, Rücken-Spezial
04/2007	DTB-Ausbilder-Diplom (BTV)
11/2006	Mentale Fitness – Konfliktfähigkeit (Peter Flühr)
10/2006	Gewichtsreduktion im und um den Sport (BTV)
07/2006	Mentale Fitness - Gesundheits-Check (Peter Flühr)
07/2006	Physio-Fitnesstrainer (Safs & Beta)

06/2006	Rückenschul-Trainer (BSA)
05/2006	Nordic Walking C-Trainer (VDNOWAS)
05/2006	Wellnessmassagen (Safs & Beta)
04/2006	Mentale Fitness - Basics & Burnout Prophylaxe (Peter Flühr)
11/2005	Entspannte Schultern, gelöster Nacken (BTV)
10/2003 bis 10/2005	med. gepr. ganzheitliche Ernährungsberatung (Zentrum für Naturheilkunde, München)
10/2005	Balancetrainer Refresher (Peter Flühr)
06/2005	Adipositas- und Gewichtsmanagement (Praxis Movita, München)
04/2005	Fitness-Trainer B-Lizenz (Safs & Beta)
03/2005	Pilates-Trainer (Safs & Beta)
02/2005	Befreiter Rücken, elastische Wirbelsäule (BLSV)
10/2004	Balancetrainer Refresher (Peter Flühr)
07/ bis 09/2004	Wellness-Trainer (BTV)
07/2004	Teilnahme am Personal Trainer Congress (Body Life)
11/2003	Übungsleiter Koronar-Sport (LAG Bayern)
04/2003	Übungsleiter für Rehabilitation, Schwerpunkt Wirbelsäulenerkrankungen (BVS Bayern)
10/2002	Übungsleiter für Prävention (BTV)
09/2001 bis 07/2002	Sekretärin der Geschäftsleitung (IHK Bayern)

04/2002	Ernährungsberater Basic (Safs & Beta)
12/2001	Aerobic „B-Lizenz" (BTV)
06/2001	Thai Bo I (Safs & Beta)
03/2001	Fach-Übungsleiter Turnen (BTV)
03/1997 bis 03/1998	Übungsleiter Ski alpin (Grund- und Oberstufe)

LIZENZEN

- Kursleiter Meditation (Akademie Gesundes Leben) seit 06/2019

- Die Kunst der Klangmassage (Internationale Akademie für heilsame Klangkunst) seit 10/2018

- A-Lizenz Mental Coach (DTA Köln) seit 08/2018
  - Mentaltrainer
  - Motivationstrainer
  - Resilienztrainer
  - Burnout Prävention
  - Life Coaching

- A-Lizenz Trainer für medizinische Prävention (DTA Köln) seit 2014
  - Ernährungstrainer
  - Cardio-Fitnesstrainer
  - Senioren-Fitness-Trainer
  - Trainer für Gewichtsmanagement

- Trainer für Diabetes Prävention
- Trainer für Immunfitness

- Yoga-Lehrer Ausbildung nach den Richtlinien „Yoga Alliance 200h" seit 10/2013

- DTB Ausbilder-Diplom seit 2009

- DOSB B-Lizenz Sport in der Rehabilitation seit 2003
  - Profil Orthopädie
  - Profil Innere Medizin

- Betriebliches Gesundheitsmanagement (IHK) seit 2012

- Koronar-Sport-Übungsleiter (LAG Bayern) seit 2003

- Fachübungsleiter Prävention (BTV) seit 2002

- Fachübungsleiter Turnen (BTV) seit 2001

Bisherige vielfältige Tätigkeiten im Gesundheitsbereich in diversen Institutionen

- Einsatz als Referentin im Turnbezirk Schwaben, Niederbayern, Oberpfalz, Oberfranken, bei LAG Bayern, beim BVS Bayern, zu den Themen Ernährung, Bewegung und Entspannung

- Yoga-, Rückenschule, Pilates, Meditation & Achtsamkeit, Ernährungs-Kurse in diversen Institutionen, Studios, Vereinen, VHS in Augsburg und München

- Pilates- & Yoga-Kurse beim Hessing Forum Augsburg

- Begleitung von Gesundheitstagen im Europäischen Patent-amt München, bei astellas Pharma GmbH, im Pflegeheim Planegg, bei Dresdner Bank AG, bei Commerzbank AG und beim Max Planck Institut München

- Nordic Walking-Kurse in München und Augsburg

- Workshops und Kurse zum Thema „Gesunde Ernährung und Bewegung" bei Vhs Augsburg, Vhs München, in der Stadtbibliothek München (aperitif), im Top Fit Center Bobingen, bei KEG Schwaben, bei Volksschule Inningen und ASV München

- Mittagsentspannung für Mitarbeiter in der Dresdner Bank

- Wirbelsäulengymnastik und Pilates bei Vhs München, bei Dresdner Bank AG und bei Commerzbank AG München

- Pilates, Bauchpower und Wirbelsäulengymnastik im Topfit Center Bobingen

- Rückenschule/Wirbelsäulengymnastik und Pilates bei BKK Allianz

- Fitnessgymnastik, Funktionsgymnastik, Skigymnastik, Herz-Kreislauftraining beim TSV Inningen und TSV Haun-stetten

- Fitnessgymnastik und Damengymnastik bei Vhs Augsburg und DJK Göggingen

- Ski- und Fitness-Gymnastik in diversen Vereinen

2) Meine ganz persönliche Literaturliste - erhebt keinen Anspruch auf Vollständigkeit

- Ronda Byrne „The Secret"

- T. Colin Campbell „Die China Study"

- Deepak Chopra „Feuer im Herzen"

- Paul Coelho „Der Alchimist", „Schutzengel", „Elf Minuten"

- Dr. Ruediger Dahlke „Peace Food", „Das Schatten-Prinzip"

- Thorwald Dethlefsen & Ruediger Dahlke „Krankheit als Weg"

- David Dewulf „Das Arbeitsbuch der Achtsamkeit"

- Dr. Joe Dispenza „Werde übernatürlich", „Ein neues ICH"

- Tom Glasauer „Das Geheimnis des Seelenspiegels"

- Laurent Gounelle „Der Mann, der glücklich sein wollte"

- Yuval Noah Harari „Eine kurze Geschichte der Menschheit"

- Ester & Jerry Hicks „Sara und die Eule" - 3 Bände

- Dr. med. Ulrich Hildebrandt „Cholesterin & Co"

- Spencer Johnson „Die Mäusestrategie für Manager"

- Jon Kabat-Zinn „Im Alltag Ruhe finden"

- Ella Kensington „Mary"

- Susanne Kinzelmann-Gullotta „Die Yoga-Fußschule"

- Kryon „Die Reise nach Hause"

- Dr. med. Christian Larsen „Gut zu Fuß ein Leben lang"

- Stefan Limmer „Himmlisch lieben & göttlich vögeln"

- Veit Lindau „SeelenGevögelt", „Königin & Samurai", „Liebe radikal"

- Wladimir Megre „Anastasia"

- Dan Millman „Der Pfad des friedvollen Kriegers"

- Safi Nidiaye „Herz öffnen statt Kopf zerbrechen"

- Detlef Pape „Satt, schlank und gesund"

- David P. Pauswek „Der Andersmensch"

- Claudia Rainville „Metamedizin"

- James Redfield „Die Prophezeiungen von Celestine"

- Michael J. Roads „Einsichten eines modernen Mystikers"

- Don Miguel Ruiz „Die innere Wahrheit"

- Serena Rust „Wenn die Giraffe mit dem Wolf tanzt"

- Ruediger Schache „Herz über Kopf", „Das Geheimnis des Herzmagneten"

- Hermann Scherer „Glückskinder", „FOKUS!"

- Florence Scovel Shinn „Das Lebensspiel und seine mentalen Regeln"

- Sarah Silverton „Das Praxisbuch der Achtsamkeit"

- Mag. Dr. Markus Stark „Nahrung als Medizin"

- John Strelecky „Das Café am Rande der Welt"

- Barbara Temelie „Ernährung nach den Fünf Elementen"

- Colin C. Tipping „Radikale Selbstvergebung"

- Iyanla Vanzant „Zwischenzeit"

- Doreen Virtue „Zeit-Therapie", „Dein Leben im Licht"

- Thea Wachtendorf „Spiegelgesetz in allen Lebenslagen"

- Neale Donald Walsh „Gespräche mit Gott"

- Kenneth Wapnick „Die Essenz von ein Kurs in Wundern"

- Harald Wessbächer „Entfalte Deine Bestimmung"

- Dr. med. James L. Wilson „Grundlos erschöpft"

- Richard Wiseman „Machen, nicht denken"

- Bruno Würtenberger „Bewusstsein erschafft Realität"

- William Paul Young „Der Weg"

- Vadim Zeland „Transsurfing" - 8 Bände

- Eva Maria Zurhorst „Soulsex", „ida - Die Lösung liegt in dir", „Liebe kann alles"

- Film: „Der Film Deines Lebens" von Sebastian Goder

3) Personen, die mich inspiriert haben und es immer noch tun

- Agustin, der blaue Schamane
  www.facebook.com/Agustin-Blauer-Schamane-694311060661140/

- schamanische Lehrer: Xavier, Sila
  Xavier: www.facebook.com/100003166332408
  Sila: www.mantra-y-magia-sila.com

- Robert Betz, Autor und Coach
  www.robert-betz.com

- Dr. Ruediger Dahlke, Lebenswandelschule,
  www.lebenswandelschule.com

- Peter Flühr, der KRAFTLOTSE
  www.peterfluehr.de

- Dr. rer. nat. Jens Freese, u.a. Trainer bei der Trainer Akademie Köln
  https://dr-freese.com

- Peter Helmer, igf-München Institut f. Integrale Gesprächstherapie, Focusing & Coaching,
  www.integralepraxis.com, www.focusingcoach.de

- Veit Lindau, Homodea,
  www.homodea.com

- Vadim Tschenze, russischer Schamane
  www.vadimtschenze.de

- Bruno Würtenberger, Free Spirit
  www.freespiritinfo.com

- Mein langjähriger Chef und einige andere Führungskräfte
  in meinem Umfeld

- Meine Eltern